Regina Hillebrecht

Klasse(n-) Fahrt!

Organisationshilfen, Projektideen und Spiele für Klassenfahrten und Freizeiten

Verlag an der Ruhr

Titel: **Klasse(n-) Fahrt!**
Organisationshilfen, Projektideen und Spiele
für Klassenfahrten und Freizeiten

Autorin: Regina Hillebrecht

Druck: CS-Druck CornelsenStürtz GmbH, Berlin

Verlag: Verlag an der Ruhr
Alexanderstraße 54 – 45472 Mülheim an der Ruhr
Postfach 10 22 51 – 45422 Mülheim an der Ruhr
Tel.: 0208/439 54 50 – Fax: 0208/439 54 239
E-Mail: info@verlagruhr.de
www.verlagruhr.de

ISBN 978-3-8346-0609-9

geeignet für die Altersstufen 7 8 9 ... 12 13 14

Gedruckt auf chlorfrei gebleichtes Papier.

Die Schreibweise der Texte folgt der neuesten Fassung der Rechtschreibregeln – gültig seit August 2006.

Wir sind seit 2008 ein ÖKOPROFIT®-Betrieb und setzen uns damit aktiv für den Umweltschutz ein. Das ÖKOPROFIT®-Projekt unterstützt Betriebe dabei, die Umwelt durch nachhaltiges Wirtschaften zu entlasten.

6 Kurze Spiele für verschiedene Gelegenheiten ... 91

7 Abendangebote: „Wenns dunkel wird ..." ... 115

8 Abschied und Nachbereitung ... 135

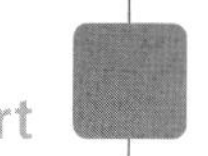

Kinderfreizeiten – pädagogisch wertvoll!

Kinder wollen und müssen die Welt entdecken, um sich gut zu entwickeln. Durch **ansprechende Erlebnisräume** machen die Kinder wertvolle Erfahrungen. Bieten dem Vorschulkind die familiäre und nähere Umgebung noch genügend Anregungen, so wird im Laufe des Grundschulalters, und mehr noch mit dem Wechsel auf eine weiterführende Schule, das Bedürfnis nach einer **Vergrößerung des Aktionsradius** der Kinder deutlich. Kinder sind von Natur aus **neugierig** und suchen nach **neuen Anregungen**. Sie wollen sich und ihre **Fähigkeiten ausprobieren**, Gemeinschaft mit anderen Kindern erleben und sich spielerisch mit ihnen messen. „**Abenteuer**" spielen eine immer größere Rolle in ihrem Leben.

Neben den Eltern bekommen **neue Bezugspersonen** einen Stellenwert im Leben der Kinder: Gleichaltrige, Lehrer*, Gruppenleiter, Trainer …
Die Kinderfreizeit oder Gruppenfahrt wird diesen Bedürfnissen nach **Orientierungen und Erlebnissen** außerhalb der eigenen Familie so gerecht wie kaum eine andere pädagogische Angebotsform. Sie bietet Mädchen und Jungen die Möglichkeit, für einige Tage völlig aus dem gewohnten Umfeld herauszukommen. Ohne die Begleitung der Eltern können und müssen sie unterwegs eine Zeit lang viel **selbstständiger zurechtkommen**. Kinder aus einem belasteten Umfeld erleben zudem eine Auszeit aus der angespannten Situation in der Familie oder einem schwierigen Milieu. Die **Gemeinschaft mit den anderen Kindern** bietet sowohl Schutz und Unterstützung bei den neuen Erfahrungen als auch ein **intensives soziales Lernfeld**.

Eine erlebnisreiche Freizeit, in der sich das Kind akzeptiert und wohlfühlt, stärkt sein **Selbstbewusstsein**. Das Kind entdeckt **neue Fähigkeiten** an sich, lernt eigene **Grenzen** kennen, bewältigt **Konfliktsituationen**, schließt neue **Freundschaften**.

Die eigenständige, erfolgreiche Bewältigung dieser neuen Situationen und das Zurechtfinden in der ungewohnten Umgebung macht Mut, sich auch in Zukunft neuen Lebenslagen zu stellen.

** Aus Gründen der besseren Lesbarkeit haben wir in diesem Buch durchgehend die männliche Form verwendet. Natürlich sind damit auch immer Frauen und Mädchen gemeint, also Lehrerinnen, Schülerinnen etc.*

Wie sieht nun eine „gute" Freizeit aus?

- Sie initiiert, unterstützt und fördert vielfältige Lernprozesse des einzelnen Kindes und der Gruppe,
- sie ist abwechslungsreich und wird so den Unterschieden der jungen Teilnehmer gerecht,
- sie macht altersgerechte pädagogische Angebote und lässt Freiraum für eigene Ideen,
- sie bietet eine Mischung aus Gruppen- und Einzelerfahrungen,
- sie ist ein Ort zum Wohlfühlen
- und sie macht ganz viel Spaß!

Dieses Handbuch richtet sich an alle, die **abenteuerliche, erlebnisreiche und pädagogisch wertvolle Gruppenfahrten** für Kinder zwischen ca. 8 und 14 Jahren anbieten möchten. Es soll sowohl **hauptamtlich Tätigen** in der Arbeit mit Kindern (Sozialpädagogen, Lehrern, Erziehern) als auch **ehrenamtlichen Mitarbeitern** in Vereinen und Verbänden als Hilfsmittel dienen. Anhand dieses Buches wird es auch Neueinsteigern der Kinder- und Jugendarbeit leicht möglich sein, selbstständig eine Fahrt zu organisieren und durchzuführen. Es bietet eine so **breit gefächerte Angebotspalette**, dass sich damit eine **ein- bis zweiwöchige Freizeitmaßnahme komplett planen und ausgestalten** lässt. Durch die vielfältigen Ideen und pädagogischen Tipps können auch erfahrene Gruppenleiter neue Anregungen für sich herausziehen. Begleittexte zu den Angeboten erklären und begründen deren Einsatz und können gleichzeitig als Grundlage und Formulierungshilfe für die pädagogische Begründung der eigenen Fahrt in Zuschussanträgen dienen. Alle **Angebote sind vielfach erprobt** und von zahlreichen Kindern und Pädagogen positiv bewertet worden. Sie lassen sich mit relativ **geringen Mitteln und Kosten** erfolgreich durchführen und ermöglichen auch Trägern und Einrichtungen mit begrenztem Budget eine erlebnisreiche Fahrt.

Wer gern Kinderaugen zum Leuchten bringt und das gute Gefühl genießen will, einer Kindergruppe eine Menge neuer Erfahrungen ermöglicht zu haben, fängt am besten sofort mit der Planung an!
Ich wünsche Ihnen eine klasse Fahrt!

Regina Hillebrecht

1

Planung und Vorbereitung der Fahrt

Ob eine Freizeit für die Kinder und das pädagogische Team ein Erfolg wird, hängt zu einem großen Teil von der vorherigen Planung ab:
Werden potenzielle Schwierigkeiten bereits im Vorfeld aus dem Weg geräumt, bleibt auf der Freizeit mehr Zeit für das eigentliche Erlebnis. Wird die Verantwortung von Anfang an sinnvoll auf verschiedene Schultern verteilt, wird der einzelne Pädagoge nach der Fahrt nicht gerädert und urlaubsreif sein, sondern Spaß an der intensiven Begegnung mit den Kindern haben. Wird das Programm den jungen Teilnehmern gerecht, sind die Kinder motiviert und mit Freude dabei.

Wie lange im Voraus mit den ersten Planungsschritten begonnen werden muss, hängt davon ab, wie flexibel die Fahrt gehandhabt werden kann. Als grobe Faustregel lässt sich sagen:

Wer zu einer ganz bestimmten Zeit, an einen ganz bestimmten Ort, mit sehr geringem Kostenaufwand, mit unbekannten Kindern und einem nicht eingespielten Mitarbeiterteam verreisen möchte, sollte mindestens ein Jahr im Voraus anfangen, sich Gedanken zu machen.

Es ist für ein motiviertes, flexibles Mitarbeiterteam jedoch auch ohne Weiteres möglich, in ca. 10 Wochen eine erlebnisreiche Fahrt auf die Beine zu stellen!

Das erste Planungstreffen:
Vorüberlegungen, Zielsetzung, Rahmenbedingungen

Ein Jahr bis spätestens 10 Wochen vor Beginn der Fahrt sollten Sie das erste Planungstreffen ansetzen.
Inhalt des ersten Planungstreffens sind die Abstimmung der **Vorstellungen** der beteiligten Mitarbeiter, die Einigung auf eine gemeinsame **Zielsetzung** und die Klärung der **Rahmenbedingungen**.

Durch die gemeinsame Zielsetzung sollten sich die Art (z.B. Zeltlager, Städtereise, Jugendherbergs-Aufenthalt) sowie eine grobe Vorstellung der geplanten Reise ergeben.
Das Mitarbeiterteam stellt sich gemeinsam die Frage, warum es diese Fahrt machen will, und bespricht, wie dieses Ziel umgesetzt werden kann.

Wollen Sie z.B. erreichen, dass den Kindern die Thematik „Ökologie" erlebbar gemacht wird, ist es nötig, einen engen Kontakt zur Natur zu ermöglichen, etwa durch das Zelten. Geht es Ihnen vorwiegend um die Intensivierung des Gruppenzusammenhalts, ist vielleicht enge Zusammenarbeit der Kinder in Form eines Selbstversorgerhauses gefragt. Zielt die Freizeit zum großen Teil darauf ab, Kindern schöne, erholsame Urlaubserlebnisse zu bieten, spielen Ort und Verpflegungsart eventuell eine untergeordnete Rolle.

In Verbindung mit der Zielsetzung sind im ersten Planungstreffen auch die Rahmenbedingungen und Ressourcen zu klären. Die Frage ist, ob die geplante Art der Reise unter den bestehenden Bedingungen möglich und sinnvoll ist. Lässt das vorhandene Budget die Übernachtung in einer Jugendherberge mit Vollverpflegung zu, oder würde es dies übersteigen? Gibt es genügend Mitarbeiter, um auf einem Zeltlager selbst zu kochen und gleichzeitig die Angebote der Kinder durchzuführen? Wann ist die Durchführung der Fahrt möglich, und mit welcher Zielgruppe macht sie Sinn?

Folgende Fragen sollten beim ersten Planungstreffen geklärt werden:

- Welche Ziele sollen hauptsächlich auf der Fahrt erreicht werden?
- Wann findet die Reise statt, und wie lange soll sie dauern?
- Welche Art des Reisens wird gewählt? (Art der Unterkunft, Verpflegungsart)

- Wie viele Betreuer werden ungefähr mitfahren?
- Für wie viele Teilnehmer wird die Fahrt ausgelegt?
- Kinder welchen Alters dürfen daran teilnehmen?
- Haben die Kinder einen speziellen Förderbedarf und brauchen besondere Betreuung?
- Brauchen Kinder auf ihre speziellen Bedürfnisse zugeschnittene Unterkünfte (z.B. wegen körperlicher oder psychischer Behinderungen)?
- Welches Budget steht ungefähr zur Verfügung?
- Welche Anreisemöglichkeiten kommen in Frage?

Sind diese Fragen geklärt, geht es darum, die Verantwortung für die Erledigung der bis zum nächsten Treffen anstehenden Aufgaben auf die einzelnen Mitarbeiter zu verteilen. Sollten bei der Erfüllung dieser Aufgaben unerwartete Schwierigkeiten auftauchen, so muss der dafür Verantwortliche diese unbedingt an die anderen Mitarbeiter rückmelden und eventuell möglichst bald ein zusätzliches gemeinsames Treffen ansetzen, um neu zu planen. Dies gilt auch, wenn ein verantwortlicher Mitarbeiter (z.B. krankheitsbedingt) länger oder völlig ausfällt. Bei diesem wie auch bei allen folgenden Planungstreffen muss jeder Mitarbeiter sich darauf verlassen können, dass die Kollegen die übernommenen Aufgaben zuverlässig erledigen, solange er nichts Gegenteiliges von ihnen hört.

Aufgaben bis zum zweiten Planungstreffen:

- Suche nach einer geeigneten Unterkunft und deren Reservierung
- Organisation der An-/Rückreise der Kinder und des Materialtransports
- Beantragen von Zuschüssen und Fördermitteln (bei der Stadt/Gemeinde, der Pfarrgemeinde, dem zuständigen Jugendring, bei Stiftungen, in Form von Spendengeldern, bei Freundeskreisen, Ehemaligengruppen, ortsansässigen Firmen …)
- Reservierung von Geräten und Material (z.B. Zelte, Kanus, Kleintransporter)
- evtl. Ankündigung der Fahrt bei Herausgebern von Programmheften, Ferien- und Jahresprogrammen
- evtl. Suche nach zusätzlichen Mitarbeitern für die Freizeit (Ehrenamtliche, Praktikanten …)

Tipp:
Alle beteiligten Mitarbeiter stoßen am Ende des ersten Vorbereitungstreffens auf die vor ihnen liegende gemeinsame Fahrt an und geben „dem Kind" einen Namen, z.B. „Schwarzwald-Abenteuer".

2 Das zweite Planungstreffen:

Ausschreibung, Anmeldung und Informationsaustausch

Ungefähr **8 Wochen vor Beginn** der Fahrt findet das zweite Planungstreffen statt. Es beginnt mit einer gegenseitigen Information, denn falls seit dem ersten Treffen kaum Kontakt untereinander bestand, ist es notwendig, dass alle auf den aktuellen Stand der Planung gebracht werden.
Jeder berichtet über den von ihm übernommenen Aufgabenbereich. Nachdem über die Grundlagen Klarheit besteht, kann eine grobe Planung der Reise erfolgen. Dies ist notwendig, damit die Reise ausgeschrieben und beworben werden kann.

Folgende Fragen sollten beim zweiten Planungstreffen geklärt werden:

- Wie hoch ist der Teilnehmerbeitrag?
- Welche Programmpunkte sind bereits sicher und können in der Ausschreibung benannt werden?
- Wie soll die Fahrt bezeichnet werden?
- Welche Informationen soll der Ausschreibungszettel für die Kinder enthalten?
- Was sollen die Kinder mitnehmen, was daheim lassen?
- Kann schon die genaue Abfahrtszeit und Rückkehr festgelegt werden?
- Gibt es einen Anmeldeschluss? Wenn ja, wann?
- Soll ein Elternabend durchgeführt werden? Wenn ja, wann?
- Wie soll die Ausschreibung für die Kinder gestaltet sein?
- Wie soll die Werbung erfolgen: intern bei Mitgliedern oder Schülern oder extern durch Verteilen und Auslegen von Einladungen (z.B. in Schulen, Freizeitheimen, Gemeindezentren, Büchereien, Vereinen, Geschäften)?

- Welche Art von Werbung soll erfolgen (z.B. Flyer, Plakate, Anzeigen in Zeitungen und Anzeigenblättern, Internet)?
- Wann wird mit der Werbung begonnen? Ist es sinnvoll, möglichst frühzeitig auszuschreiben, damit die Eltern der Kinder planen können, oder haben die Familien eher Schwierigkeiten damit, sich längerfristig auf Termine festzulegen?

Sind die Fragen geklärt, wird vereinbart, wer bis zum nächsten Treffen die Verantwortung und damit die Erledigung der anstehenden Aufgaben übernimmt.

Aufgaben bis zum dritten Planungstreffen:

- Erstellen und Vervielfältigung der Einladungs-Flyer für die Kinder
- Erstellen des Anmeldeformulars
- Einladungen auslegen und Plakate aufhängen
- Anzeigen in Zeitungen, Anzeigenblättern schalten
- Anmeldungen annehmen, Teilnehmerliste führen
- Teilnehmerbeiträge verwalten
- Ansprechpartner für Nachfragen von Eltern und Kindern sein
- Bestellen oder Besorgen von Informationsmaterial, Reiseführer oder Karte des Ortes bzw. der Umgebung der Unterkunft (z.B. bei der Gemeinde oder dem Fremdenverkehrsamt des Ortes)
- evtl. Versicherungen für die Gruppe abschließen

3 Das dritte Planungstreffen:

Detaillierte Planung der Fahrt

Das dritte Planungstreffen wird ca. **6 Wochen vor Beginn** der Fahrt angesetzt. Es beginnt mit einem kurzen Bericht aller Beteiligten über die Erledigung der bis zu diesem Treffen übernommenen Aufgaben und den aktuellen Stand der Vorbereitungen. Anschließend geht es um die detaillierte Planung der Fahrt.

Folgende Fragen sollten beim dritten Planungstreffen geklärt werden:

- Welches Angebot wird wann gemacht?
- Wer übernimmt die Verantwortung für die Planung und Durchführung des Angebots?
- Wer unterstützt den Verantwortlichen bei der Planung und der Durchführung?
- Wer besorgt das Material für die Angebote?
- Welche Regeln sollen auf der Fahrt gelten? (s. auch Ablauf der Fahrt und Regeln, ab S. 48)
- Welche Dienste haben die Kinder zu erledigen, und wer ist für die Umsetzung zuständig?
- Wer ist für welche Mahlzeit zuständig, und was soll es wann zu essen geben?
- Wer besorgt die haltbaren Lebensmittel?
- Wer macht auf der Fahrt die Fotos oder filmt?
- Ist ein Elternabend notwendig? Wenn ja, wann findet er statt, und welche Inhalte soll er haben? Wer übernimmt die Planung und Durchführung?

Zur Klärung des konkreten Ablaufs der Fahrt empfiehlt sich ein Übersichtsplan, der jeden Tag unterteilt in Vormittag, Nachmittag und Abend. Der Plan enthält jedes einzelne Angebot, den dafür Verantwortlichen, die Helfer sowie die Zeiten der Angebote. Eine Kopie dieser Übersicht dient den Mitarbeitern während der Fahrt als Merkhilfe.

Beispiel eines Übersichtsplans:
Abenteuer-Freizeit „Thüringer Wald" (1/2)

	Montag	Dienstag
Frühstück 8:30	–	Martin: Brot, Marmelade, Margarine, Nugatcreme, Käse, Aufschnitt, Getränke
Vormittag	Regina (Martin, Maria): Anreise mit Kids im Zug Abfahrt: 10:00 Uhr Vasiliy (Willi): Materialtransport	Workshops: 9:30 Uhr Vasiliy: Zeitung machen Martin: Kreativangebot Maria: Theater
Mittagessen ca. 12:30	Verpflegung durch Eltern	Regina (Vasiliy): Putengeschnetzeltes, Reis, Salat, Quark, Eistee
Nachmittag	Maria: Zimmervergabe Willi (alle): Kennenlern-Spiele Martin (Vasiliy): Ablauf und Regeln	Willi (alle): Spaßolympiade ab 14:00 Uhr
Abendessen ca. 18:30	Regina: Wiener & Kartoffelsalat, Brötchen, Jogurt, Saft, Wasser	Martin: Brot, Wurst, Käse, Salat, Tee
Abend	Maria (alle): Nachtwanderung mit Fackeln – bei schlechtem Wetter: Vasiliy: „1, 2 oder 3" Zimmerruhe: 22:30 Uhr	Vasiliy (alle): Gruselpfad ab ca. 20:30 Zimmerruhe: 23:00 Uhr

Abenteuer-Freizeit „Thüringer Wald" (2/2)

	Mittwoch	Donnerstag
Frühstück 8:30	Regina: Brot, Marmelade, Margarine, Nugatcreme, Käse, Wurst, Getränke	Willi: Rühreier, Brot, Wurst, Käse, Marmelade, Margarine, Getränke Lunchpakete: s.o. & Müsliriegel, Obst
Vormittag	Regina (alle): Ausflug zum Schwimmen: ab 9:30 Uhr	Martin (alle): Aufräumen mit Kids Regina: Reflexion, Abschied nehmen, Gruppenspiele 11:30 Uhr
Mittagessen ca. 12:30	Willi: Gemüseeintopf, Pudding, Saft, Wasser	Lunchpakete
Nachmittag	Maria: Vorbereitung des bunten Abends: ab 14:30 Uhr Maria: evtl. Kimspiele	Regina (Martin, Maria): Rückfahrt mit Kids im Zug Ankunft: 18.00 Uhr Vasiliy (Willi): Materialtransport
Abendessen ca. 18:30	Vasiliy: Bockwürste, Stockbrot, Kartoffeln, Tee (am Lagerfeuer)	–
Abend	Willi (alle): bunter Abend mit Lagerfeuer – bei schlechtem Wetter: Martin: Montagsmaler de luxe	–

4 Das vierte Planungstreffen:

Letzter Informationsaustausch vor der Reise

Beim vierten Planungstreffen sind es nur noch 3 – 5 Tage bis zum Beginn der Freizeit. Es ist möglicherweise die letzte Gelegenheit vor der Fahrt, Unklarheiten zu beseitigen, kurzfristige Änderungen im Programm vorzunehmen und alle Beteiligten auf einen einheitlichen Informationsstand zu bringen.

Folgende Fragen sollten beim vierten Planungstreffen geklärt werden:

- Wie viele Kinder nehmen endgültig an der Fahrt teil?
- Wie ist die Zusammensetzung der Teilnehmer nach Alter und Geschlecht?
- Welche Kinder nehmen an der Fahrt teil?
- Auf welche Besonderheiten ist bei bestimmten Kindern zu achten (z.B. Krankheiten, Medikamenteneinnahme, Behinderungen, Allergien, Schwimmfähigkeit, soziale Auffälligkeiten, Essensvorschriften)?
- Wer erstellt eine detaillierte Teilnehmerliste mit allen Informationen über die Kinder und gibt sie an jeden Mitarbeiter weiter?
- Wer ist für die Betreuung welcher Kinder zuständig?
- Besitzen alle Mitarbeiter einen aktuellen Übersichtsplan des Programms?
- Wann treffen sich die Mitarbeiter am Abfahrtstag?
- Wer kontrolliert, ob alle Teilnehmer da sind, und sammelt die Krankenversicherungskarten ein?
- Wer steht für kurzfristige Fragen und Informationen der Eltern bei der Übergabe der Kinder zur Verfügung?
- Wer übernimmt die kurze Begrüßung der Gruppe und die Erklärungen zur Anreise direkt vor der Abfahrt?
- Wer besorgt die frischen Lebensmittel?
- Soll ein Reise-Nachtreffen stattfinden, wenn ja, wann?
- Wann findet das Auswertungstreffen zur Nachbesprechung der Fahrt statt, und wer organisiert es?

5 Organisationshilfen

„Bloß nix vergessen!“ – Zeitplan und Checkliste der Vorbereitungen

1 Jahr bis spätestens 10 Wochen vor Beginn der Fahrt:
Erstes Planungstreffen:
Vorüberlegungen, Zielsetzung, Rahmenbedingungen

1 Jahr bis spätestens 8 Wochen vor Beginn der Fahrt:
- eine geeignete Unterkunft bzw. einen Zeltplatz suchen
- Zuschussanträge stellen und Fördermittel beantragen
- Geräte und Material reservieren/mieten (z.B. Zelte, Kanus, Kleintransporter …)
- Anreise organisieren (z.B. Kleinbus mieten, Busgesellschaft suchen, Bahntarife feststellen)
- Materialtransport organisieren (z.B. Kleintransporter mieten)
- evtl. die Fahrt bei Herausgebern von Programmheften, Ferien- und Jahresprogrammen ankündigen
- evtl. zusätzliche Mitarbeiter für die Freizeit suchen (Ehrenamtliche, Praktikanten, Honorarkräfte für bestimmte Angebote, Küchenhilfen …)

Ca. 8 Wochen vor Beginn der Fahrt:
Zweites Planungstreffen:
Ausschreibung, Anmeldung, Grobplanung, Informationen

6 – 8 Wochen vor Beginn der Fahrt:
- Flyer und Anmeldeformular für Kinder erstellen
- die Fahrt ausschreiben und bekannt machen (z.B. in Zeitungen, auf Plakaten, in Schulen, Auslegen der Flyer an geeigneten Stellen, im Internet, persönliche Einladung)
- Informationsmaterial, Reiseführer, Karten besorgen/bestellen (z.B. bei Gemeinde/Fremdenverkehrsamt)
- evtl. Versicherungen/Versicherungspaket abschließen

Ca. 6 Wochen vor Beginn der Fahrt:
Drittes Planungstreffen: Detaillierte Planung der Fahrt

2 – 6 Wochen vor Beginn der Fahrt:

- Anmeldungen annehmen
- Teilnehmerliste erstellen (Warteliste führen bei Überzahl an Anmeldungen)
- evtl. Elternabend durchführen
- Material besorgen (Einkauf, Ausleihe)
- Einkauf haltbarer Lebensmittel

Ca. 3 – 5 Tage vor Beginn der Fahrt:
Viertes Planungstreffen: Letzter Informationsaustausch

1 – 2 Tage vor Beginn der Fahrt:
Einkauf frischer Lebensmittel

Suche der Unterkunft

Im Internet stehen zahlreiche Seiten zur Verfügung, die speziell auf die Suche nach geeigneten Schlaf- und Wohnstätten für Jugendfreizeiten ausgerichtet sind. Dadurch hat sich das Finden einer geeigneten Unterkunft in den letzten Jahren sehr vereinfacht. Das Angebot reicht von einfachen Zeltplätzen mit rudimentärer Ausstattung bis hin zu Jugendunterkünften mit Vollverpflegung und eigenem Freizeitprogramm. In der Regel lassen sich auf den Angebotsseiten verschiedene Suchkriterien wie Region, Verpflegungsart etc. einstellen und so die für die jeweilige Fahrt besonders geeignete Unterkunft heraussuchen.

Internetseiten für Jugendunterkünfte:

www.schullandheim.de
Internetseite des Verbands Deutscher Schullandheime e.V.
Last-Minute-Suche (Suche nach freien Plätzen innerhalb des aktuellen Monats oder Terminen in den nächsten 3 Monaten)

www.jugendherberge.de
Internetseite des Deutschen Jugendherbergswerkes

- spezielle Angebote für Schulklassen
- Suche geeigneter Häuser nach Bundesländern
- innerhalb von 24 Stunden erfahren, ob Plätze frei sind
- Online-Buchungen

www.jugend-gaestehaus.de
Private Internetseite für Schulfahrten und Jugendreisen
- umfangreiche Seite zu Häusern mit Verpflegung, Selbstversorgerhäusern und Zeltplätzen
- detaillierte Suche nach Postleitzahlen möglich

www.gruppenfahrten.com
Private Internetseite zu Gruppenunterkünften
- Suche nach Häusern oder Zeltplätzen in Deutschland und Europa
- differenzierte Filtereinstellungen (z.B. nach Bundesländern, Postleitzahlen, in den schönsten Landschaften)
- detaillierte Suche nach Art der Unterkunft (z.B. Alpenvereinsheim, Exerzitienhaus, Reiterhof)

www.gruppenfreizeiten.de
Private Internetseite zu Gruppenunterkünften
- Suche nach Häusern und Zeltplätzen in bestimmten Regionen Deutschlands
- Suche nach speziellen Unterkunftsarten (z.B. Bauernhof, Reiterhof)

www.scoutnet.de/technik/plaetze
Internetseite des ScoutNet e.V.
- Häuser und Plätze von Pfadfinderverbänden in Deutschland
- viele kostengünstige Übernachtungsmöglichkeiten

www.naturfreundehaus.net
Internetseite der NaturFreunde Deutschland e.V.
- Naturfreundehäuser in Deutschland
- Suche nach Kriterien, wie Umweltfreundlichkeit, Erreichbarkeit mit ÖPNV, besonders geeignet für sportliche Aktivitäten

www.naturfreunde-haeuser.net
Internetseite der Naturfreunde
internationale Naturfreundehäuser außerhalb Deutschlands

www.gruppenhaus.de
Private Internetseite zu Gruppenunterkünften
Suche nach Häusern mit differenzierter Filtereinstellung (z.B. nach Preiskategorien, Nähe zum Wohnort)

www.zeltlagerplatz.info
Internetseite des Zeltlagerplatzes e.V. („Die Falken")
Suche nach Zeltplätzen und Häusern

www.jugendzeltplaetze.de
Internetseite der Katholischen Landjugendbewegung
Suche nach Zeltplätzen und Häusern

www.evangelische-freizeithaeuser.de
Internetseite des Fördervereins Evangelische Tagungs- und Freizeithäuser e.V.
Liste und Homepages der angeschlossenen Häuser

An- und Rückreise

Je nach Art, Ort und Veranstalter der Reise bestehen folgende Möglichkeiten der An- und Rückreise:

Die Kinder werden von den Eltern gebracht und abgeholt.
Achten Sie darauf, dass auch Kindern, deren Eltern sie nicht bringen oder abholen können, die Teilnahme an der Fahrt ermöglicht wird. Es hat sich hierbei bewährt, einen zentralen Abfahrtsort zu vereinbaren und bereits auf dem Anmeldeformular abzufragen, wer bereit wäre, andere Kinder mitzunehmen, und wer eine Mitfahrgelegenheit benötigt.

Die Fahrt erfolgt mit Kleinbussen.
Das Fahren der Busse wird entweder von den Mitarbeitern selbst oder speziell dafür angefragten Personen übernommen. Häufig ist es kostengünstiger, die Kleinbusse bei sozialen Einrichtungen statt bei Autovermietungen zu leihen. Die örtlichen Jugendverbände oder Jugendringe können oft Auskunft darüber geben, wer in der Region preiswert Kleinbusse vermietet.

Die An- und Abreise erfolgt per Reisebus einer Busgesellschaft.
Es lohnt sich, Kostenvoranschläge verschiedener regionaler Busunternehmen einzuholen, um einen günstigen Anbieter zu finden.

Die Fahrt erfolgt mit öffentlichen Verkehrsmitteln.
Über die aktuellen Angebote der Bahn für Gruppen informiert man sich am besten im Internet (www.bahn.de) oder an einem Schalter der Bahn.

Bei frühzeitiger Buchung gibt es selbst bei kleinen Gruppen häufig Ermäßigungen um bis zu 60% des Normalpreises. Bei der Nutzung von Regionalzügen sind zudem Länder- und Wochenendtickets eine preiswerte Alternative.

Bei allen angegebenen Fahrtmöglichkeiten kann es, je nach Art der Reise, Reisedauer, Verpflegungs- und Materialbedarf, zudem erforderlich sein, einen Transporter und/oder Privatautos zu organisieren, um das Benötigte zur Unterkunft zu bringen.

Finanzen, Zuschüsse und Versicherungen

Finanzen
Um eine Fahrt effektiv kalkulieren zu können und am Ende – finanziell gesehen – keine bösen Überraschungen zu erleben, ist es notwendig, alle möglichen Ausgaben frühzeitig aufzulisten und den Einnahmen gegenüberzustellen. Aus folgenden Posten kann sich der Finanzplan einer Kinderfreizeit zusammensetzen:

Ausgaben
- Übernachtungen
- Verpflegung
- An- und Rückreise
- Materialtransport
- Anschaffung und Ausleihgebühren von Material
- Eintritte und Aufwendungen für Ausflüge
- Nebenkosten während der Freizeit (z.B. für Einkäufe, Unternehmungen mit Kindern, Arztbesuche)
- Honorare und Aufwandsentschädigungen von Mitarbeitern
- Fahrtkosten der Mitarbeiter zur Vorbereitung und Durchführung der Fahrt
- Aufwendungen für die Planungstreffen
- Werbung (z.B. Ausschreibungen, Anmeldezettel, Plakate)
- Versicherungen
- Aufwendungen für ein Reise-Nachtreffen
- Unvorhergesehenes

Einnahmen
- Teilnehmerbeiträge
- bestehender Etat
- Zuschüsse, Fördermittel und Spendengelder

Zuschüsse
Die Fahrt kann für die Teilnehmer wesentlich kostengünstiger gestaltet werden, wenn sie nicht ausschließlich über die Teilnehmerbeiträge finanziert wird. Je nach Zielgruppe kann eine Bezuschussung sogar dringend erforderlich sein, um auch Kindern aus benachteiligten Familien die Teilnahme zu ermöglichen. Welche zusätzlichen Geldquellen in Frage kommen, hängt von der veranstaltenden Organisation und den Gegebenheiten vor Ort ab.

Mögliche Geldgeber einer finanziellen Unterstützung
(Zum Teil ist eine Antragsstellung erforderlich.)
- Stadt oder Gemeinde
- Pfarrgemeinde
- übergeordnete Ebenen der eigenen Organisation bzw. des Trägers
- Stadt-, Kreis-, Landes-, Bundesjugendring
- Stiftungen (karitativ, kulturell, religiös, sportlich, sozial)
- Freundeskreise
- Ehemaligenverbände und -gruppen
- aktuelle Fördermittel (z.B. Jugend für Europa, Aktion Mensch …)
- Spenden (z.B. zur Unterstützung sozial benachteiligter Teilnehmer)
- Ämter (Jugendamt, Agentur für Arbeit)
- Sponsoren
- regionale wirtschaftliche Betriebe, Geldinstitute, Geschäfte

Zum Teil sind ortsansässige Firmen oder Geschäfte zwar nicht bereit, Geld für die Freizeit zur Verfügung zu stellen, unterstützen die Maßnahme jedoch bei freundlicher Anfrage durch Sachspenden oder Werbegeschenke, die als Preise für die Kinder oder als Material genutzt werden können. Möglicherweise können bei entsprechender Nachfrage auch die Kosten für die Ausschreibungen/Flyer und Plakate eingespart oder reduziert werden.

Versicherungen
Ob die Teilnehmer und Mitarbeiter über den eigenen Träger oder die eigene Einrichtung vollständig abgesichert sind, muss jeder Veranstalter von Gruppenreisen selbst klären.

Falls dies nicht oder nur zum Teil der Fall ist, bieten z.B. folgende Versicherungen verschiedene Arten des Versicherungsschutzes sowie Versicherungspakete bei Gruppenreisen im In- und Ausland an:

Jugendhaus Düsseldorf e.V.:
www.jugendhaus-duesseldorf.de

Internationale Versicherungsmakler GmbH:
www.bernhard-assekuranz.com

Deutscher Ring Krankenversicherungsverein a.G.:
www.deutscherring.de

Ecclesia Versicherungsdienst GmbH:
www.ecclesia.de

Ausschreibung und Anmeldung

Einladungs-Flyer

Es hat sich bewährt, zur Information der Kinder und Eltern einen Einladungs-Flyer der Fahrt zu erstellen. Sie sparen sich spätere Arbeit, wenn er bereits die häufigsten Fragen bezüglich der Fahrt beantwortet. Als Format für den Flyer eignet sich ein auf DIN-A5-Größe gefalteter DIN-A4-Bogen besonders gut. Wird dieser Bogen beidseitig bedruckt, entstehen vier Seiten, die genügend Platz für alles Wichtige bieten und auch noch Raum für eine ansprechende Gestaltung durch Bilder lassen.

Inhalte eines Einladungs-Flyers:

- Titel der Fahrt
- ansprechendes Bild oder Foto
- Zielort(e) der Fahrt
- Zielgruppe (Mädchen und/oder Jungen, Alter der Kinder)
- Begrüßungstext
- Auflistung von Programmpunkten

- Zeit und Ort von Abfahrt und Rückkehr
- Art der An- und Rückreise (z.B. mit öffentlichen Verkehrsmitteln)
- Teilnehmerbeitrag (Information über evtl. Ermäßigungen)
- Art und Zeitpunkt der Beitragszahlung
- Packliste
- Ort der Freizeit mit Adresse und Telefonnummer
- evtl. Anfahrtsbeschreibung
- mögliche Teilnehmeranzahl
- Veranstalter der Freizeit mit Adresse, Telefonnummer, E-Mail-Adresse, Logo, evtl. Ansprechpartner
- Information, wie und wo man sich anmelden kann
- evtl. Anmeldeschluss
- evtl. Datum des Elternabends

Beispiel eines 4-seitigen Zeltlager-Flyers

Ort des Zeltlagers:

Jugendzeltplatz am See
Waldschratstr. 13
88888 Hintertupfing

Veranstalter: Jugendtreff
Trollgasse 73
77777 Kinderhausen
jugendtreff@kinderhausen.de

Nähere Informationen und Anmeldeformulare beim Veranstalter.
Die Teilnehmerzahl ist auf 20 Kinder begrenzt.
Anmeldeschluss: 01.07.2011

Wir freuen uns auf ein spannendes, abenteuerliches, sonniges Zeltlager mit euch!

Euer Jugendtreff-Team

Sommer-Zeltlager

für Mädchen und Jungen

von 9 bis 13 Jahren

2. bis 6. August 2011
in Hintertupfing am See

Hallo Mädels, hallo Jungs!

Ihr seid zwischen 9 und 13 Jahren und habt Lust auf
jede Menge Spaß und Abenteuer?
Dann seid ihr bei uns genau richtig!
Fahrt mit zum großen Sommer-Zeltlager!

Auf dem Programm stehen:
- Schnitzeljagd und Lager-Olympiade,
- Ausflug zum Schwimmen,
- Spiele und Basteln,
- Nachtwanderung und Lagerfeuer

… und natürlich eure Ideen und viele Überraschungen!

Abfahrt: Mo, 1. August 2011 um 10:00
Rückkehr: Fr, 5. August 2011 um 17:00
… jeweils am Jugendtreff Kinderhausen

Wir reisen mit öffentlichen Verkehrsmitteln.

Teilnehmerbeitrag: 95,- € (Ermäßigung möglich)
Der Beitrag ist bei Anmeldung zu zahlen.

Das nehmt ihr mit:
- Schlafsack und Isomatte
- Kleidung zum Wechseln (die schmutzig werden darf)
- Regenjacke
- feste Schuhe zum Wandern
- Kopfbedeckung und Sonnencreme
- Waschzeug und Badesachen
- ein weißes T-Shirt zum Bemalen
- verschließbare Trinkflasche (min. 1 Liter)
- Campinggeschirr (Teller, Tasse, Besteck), mit Namen beschriftet
- Geschirrtuch
- kleinen Rucksack für Tagesausflug
- Krankenversicherungskarte
- Taschenlampe (mit vollen Batterien)
- Verpflegung für den Anreisetag
- etwas Taschengeld, max. 10,- €
- etwas zu lesen, Kartenspiele oder Ähnliches
- bei Allergien oder Krankheiten: Medikamente

Das lasst ihr zu Hause:
- Süßigkeiten (ziehen Ameisen an)
- elektronische Geräte (gehen bei Feuchtigkeit schnell kaputt)

Beispiel eines Anmeldeformulars

Verbindliche Anmeldung zur Freizeit

vom __________ bis __________ in ______________________________

Vorname: ______________________
Name: ______________________
Anschrift: ______________________
Telefon: ______________________
Handy: ______________________
Geburtsdatum: ______________________

KV-Nummer: ______________________
Name des
Versicherten: ______________________

Tetanusimpfung? Ja/Nein   Letzte Impfung am: __________
Zeckenimpfung? Ja/Nein   Letzte Impfung am: __________

Medikamenteneinnahme, Allergien, Ernährungsbesonderheiten,
Schonungsbedarf:

____

____

Nichtschwimmer ❑   Schwimmer ❑

Mein Kind darf/darf nicht zeitweilig (z.B. bei einer Schnitzeljagd) in einer Gruppe mit anderen Kindern ohne Betreuung unterwegs sein.
Bei Verhalten, welches das Freizeitprogramm, die Gesundheit oder das Ansehen von Teilnehmern gefährdet, ist die Leitung der Fahrt ermächtigt, den betreffenden Teilnehmer ohne Erstattung des Teilnehmerbetrages von der weiteren Fahrt auszuschließen und für die Heimfahrt zu sorgen.

Beim Rücktritt eines Teilnehmers, welcher schriftlich mitgeteilt werden muss, hat der Veranstalter das Recht, den Teilnehmerbetrag einzubehalten.
Sollte die Fahrt nicht durchgeführt werden, so besteht für die Teilnehmer nur Anspruch auf Rückerstattung des bereits gezahlten Teilnehmerbetrags.

______________________   ______________________
Ort, Datum   Unterschrift des Teilnehmers

____
Unterschrift des Erziehungsberechtigten

Beispiel für eine Teilnehmerliste

Die verbindliche Anmeldung eines Kindes erfolgt schriftlich durch ein Anmeldeformular und die Bezahlung des Teilnehmerbeitrags. Alle wichtigen Daten der Kinder werden von den Anmeldeformularen in eine Teilnehmerliste übertragen. Jeder Mitarbeiter erhält ein Exemplar dieser Liste.

So könnte eine detaillierte Teilnehmerliste aussehen:

Vorname	Nachname	Anschrift	Geb.-Datum	S	A	HK	TEL	B
Max	K.	Waldweg 3 87323 …	14.03.1999	✓	✓	0163 …	0171 …	X
Leonie	S.	Am Bahnhof 18 86150 …	07.12.2001	✓	X	X	082 …	Diabetes
…								

Legende:

✓ = Ja
X = Nein

S = Schwimmer
A = darf zeitweise allein unterwegs sein
HK = evtl. Handynummer des Kindes während der Freizeit
TEL = Telefonnummer, unter der die Eltern während der Freizeit zu erreichen sind
B = evtl. Besonderheiten

Material-Checkliste für die beschriebenen Angebote

(nicht Zutreffendes können Sie für sich einfach streichen)

Schlafen, Kochen
Zelte, Heringe, Schnur, Plastikplanen, Iso-Matten, Schlafsäcke, Kocher, Gasflaschen, Kochgeschirr, Besteck, Dreibein, Wasserkanister, Frühstücksbeutel, Frischhaltedosen, Haushaltsrolle, Müllsäcke, Alufolie, Frischhaltefolie, Grillanzünder, Feuerschale, Kohle/Holz, Säge/Beil, Hammer, Feuerzeug/Streichhölzer, Grillanzünder, Arbeitshandschuhe

Schreib- und Bastelmaterial
verschiedenfarbiges Papier, verschiedenfarbige Plakate, verschiedenfarbiges Tonpapier, Stifte (Blei-, Filz-, Plakat-, Buntstifte, Kugelschreiber), Scheren, Spitzer, Radiergummi, Klebstoff, Klebeband, Kreide, Schnellhefter, Brief-

umschläge, Briefmarken, Wolle, Steckbrief-Kopien, Mitbestimmungs-Fragebögen, Abtönfarbe, Pinsel, Watte, Aufgabenzettel für Schnitzeljagd/Stadtrallye, Holzstäbchen, Wasserbehälter, Bastelvorlagen, Stoffmalfarben, Klarsichtfolien, Schreibmaschine, Laptop/PC

Angebotsmaterialien
Fackeln, Spielfiguren, Luftballons, Meterstab/Maßband, Stoppuhren, 1-Liter-Flaschen, Linsen, Strohhalme, Teebeutel, Tischtennisbälle, Perlen, Säcke, Spielpläne, Knete, Schatzkiste, Henna, Theaterschminke, Augenbinden, Tücher, Tennisbälle, Bierdeckel, Gruselpfad-Material, Musikanlage, Musik-CDs, Zutaten für Gesichtsmasken, Handbäder-Zutaten, Mutprobe-Material

Sonstiges Material
Foto- bzw. Videokamera, Erste-Hilfe-Kasten, Infomaterial, Stadtplan, Landkarte, Liederbücher, Instrumente, Taschenlampen, Kerzen, Banner/Fahne, Bälle, Spielgeräte, Frisbee, Federball, Jongliersachen, Kartenspiele, Würfel, Jugendzeitschriften, Kinder- und Jugendbücher, Preise, Medaillen, Urkunden, Wärmflasche, Kühlkompressen

Reinigungsmittel, Hygieneartikel
Allzweckreiniger, Lappen, Schwämme, Spülmittel, Seife, Geschirrtücher, Schaufel/Besen, Wischer, Bürsten, Toilettenpapier, Papiertaschentücher, Waschmittel, Gummihandschuhe, Binden/Tampons, Sonnencreme, Insektenabwehrmittel

Wichtige Unterlagen
Anmeldezettel, KV-Karten, Programm-Übersichtszettel, detaillierte Teilnehmerliste, Ausweise, Geld, EC-Karte/Kreditkarte, Fahrkarten, Schlüssel, Rechnungen

Lebensmittel
haltbare Lebensmittel, frische Lebensmittel, z.B. Obst, Knabberzeug, Süßigkeiten, Getränke, Gewürze, Lagerfeuer-Snacks, Tees …

2

Und was ist, wenn …?!

1 Herz, Schmerz und andere Gefühle

Wer mit einer Kindergruppe auf große Fahrt geht, kann davon ausgehen, dass er mit verschiedensten Gefühlsregungen von Kindern konfrontiert wird. Manche davon werden zum heimlichen Schmunzeln verleiten, während der Umgang mit anderen vielleicht zur echten Herausforderung wird. Es gibt Kinder, die leben ihre Gefühle offen aus, andere sind ausgeglichen, wieder andere sind eher verschlossen.

Hilfreich, um negativen kindlichen Gefühlen schnell zu begegnen, ist, die Kinder gut im Blick zu haben und sich als Betreuer an Orten bzw. in Räumen aufzuhalten, die auch den Kindern zugänglich sind. Je mehr Kontakt Sie auf der Freizeit zu den Kindern halten, desto leichter fällt es Ihnen, schöne Gefühle zu teilen und negative Gefühle tragen zu helfen. Wichtig ist, dass allen Betreuern selbst bewusst ist und sie somit auch vermitteln können, dass ausgeprägte Gefühle etwas Normales sind.
Es ist okay, wenn Kinder einmal traurig sind, wenn sie Angst haben, wenn sie enttäuscht oder wütend, vielleicht sogar verliebt sind.
Kinder meistern diese Gefühle – wenn man sie damit nicht allein lässt.

Verliebtsein und Liebeskummer

Auf vielen Kinderfreizeiten werden „Freundschaft", „Eifersucht", „Liebe" oder „Liebeskummer" zum Thema. Denn die Kinder haben auf der Fahrt die Gelegenheit, sich ohne die Beobachtung und Kontrolle der Eltern intensiv kennenzulernen und viel Zeit miteinander zu verbringen. Diese neuen Erfahrungen können Abenteuer, Aufregung, aber auch Unsicherheiten mit sich bringen.

Auf den meisten Fahrten beschäftigt sich ein Teil der Kinder am liebsten mit Gleichaltrigen des gleichen Geschlechts, andere Kinder spielen mit Mädchen und Jungen gleichermaßen, wieder andere sind geradezu fixiert auf den Kontakt mit dem jeweils anderen Geschlecht.
Es ist außerdem in der Regel so, dass der Umgang mit Kindern des anderen Geschlechts zeitweise gesucht und dann wieder entschieden abgelehnt wird. Das läuft häufig darauf hinaus, dass Mädchen und Jungen sich gegenseitig ärgern, hin und her laufen, Zeit miteinander verbringen und dann wieder Schutz bei den Freundinnen bzw. Freunden suchen. Auf jeder Fahrt

gibt es meist einige Kinder, die ein deutliches „Imponiergehabe" dem anderen Geschlecht gegenüber zeigen, viele Kinder, die das Hin und Her einfach nur interessiert verfolgen bzw. unterstützen, und auch einige, die diesbezüglich (noch) absolut desinteressiert sind.

Auch in geschlechtshomogenen Gruppen kann „Freundschaft" zum Thema werden, wenn Mädchen bzw. Jungen im engen Kontakt einer gemeinsamen Reise erleben, dass sie sich zum eigenen Geschlecht hingezogen fühlen. Eifersucht kann auch dann entstehen, wenn z.B. die vermeintlich beste Freundin oder der beste Freund plötzlich viel Zeit mit anderen Kindern verbringt.

Ob und inwieweit von den Betreuern in die emotionalen Kontakte eingegriffen wird, hängt vom Entwicklungsstand der Teilnehmer ab.
Bei jüngeren Kindern werden die Betreuer möglicherweise lediglich als Ansprechpartner benötigt, die sie bei neuen Erfahrungen und Gefühlen begleiten, sie ernst nehmen und, falls nötig, trösten. Sie werden darauf achten, dass Mädchen oder Jungen, die mit intensiven Annäherungsversuchen oder häufiger Kontaktaufnahme überfordert sind, geschützt und darin bestärkt werden, eigene Grenzen zu setzen.

Sollte es in der Gruppe Kinder geben, die Schwierigkeiten mit der Akzeptanz des Rückzugs der anderen haben, so ist die Durchsetzung dieser Grenze durch Betreuungspersonen erforderlich. Insgesamt sollten die Betreuer das Bewusstsein haben und diese Haltung auch vermitteln, dass es zur jugendlichen Entwicklung dazugehört, für andere Menschen intensiv zu fühlen.
Es ist aber natürlich genauso in Ordnung, mit niemandem „zusammen" zu sein.

Sind die Teilnehmer in ihrer persönlichen und körperlichen Entwicklung schon weiter fortgeschritten und bestehen oder bilden sich auf der Reise ernsthafte Pärchen, so sind die Betreuer verpflichtet, dafür zu sorgen, dass es auf der Fahrt bei harmlosen Zärtlichkeiten bleibt und nicht zu sexuellen Handlungen kommt. Schließlich müssen sich die Betreuer als Verantwortliche im Ernstfall für eine ungewollte Schwangerschaft bei den Eltern rechtfertigen.

Heimweh

Heimweh ist ein Gefühl, das fast allen Kindern bekannt ist. Manche leiden schnell darunter, andere beschleicht es vielleicht nur, wenn sie lange von zu Hause fort sind. Tendenziell wird „Heimweh" eher bei Fahrten mit jüngeren Kindern zum Thema werden, es kann jedoch auch ältere Kinder erwischen, wenn sie sich in der Gruppe oder gesundheitlich nicht wohlfühlen oder es sich um eine recht lange Reise handelt. Heimweh tritt insbesondere abends auf oder wenn die Kinder zu lange allein oder unbeschäftigt sind.

Tipps zum Umgang mit heimweh-„kranken" Kindern:

- Geben Sie dem Kind Nähe (z.B. bei Mitarbeitern sitzen lassen, mit ihm spielen, sich mit ihm unterhalten).
- Lenken Sie das Kind ab, und beschäftigen Sie es (z.B. beim Kochen helfen lassen oder bei Vorbereitungen ihm besondere Aufgaben übertragen).
- Lassen Sie andere Kinder Trost spenden („Kümmert euch bitte um Tufan, der ist gerade etwas traurig.").
- Erklären Sie dem Kind, was in ihm vorgeht, und stellen Sie Besserung in Aussicht („Du bist jetzt gerade sehr müde, deshalb vermisst du deine Eltern. Morgen früh geht es dir sicher wieder besser, und wir machen wieder tolle Sachen. Ich verrate dir schon einmal, was wir morgen machen, das weiß außer dir noch kein anderes Kind.").
- Machen Sie Mut („Jetzt sind es noch zwei Tage, die hältst du noch durch, das weiß ich.").
- Zeigen Sie Verständnis, und stellen Sie gleichzeitig die Realität dar („Ich verstehe, dass du jetzt gern bei deiner Mama wärst. Leider sind wir viel zu weit weg, das geht jetzt einfach nicht.").
- Lassen Sie das Kind ausnahmsweise mit den Eltern telefonieren, wenn es den Wunsch danach äußert (nicht dem Kind vorschlagen, das führt oft gerade zu Heimweh).
- Lassen Sie das Kind ein Bild als Mitbringsel für die Eltern malen.
- Lassen Sie eine Postkarte oder einen Brief des Kindes an die Eltern schreiben.

Größere Sorgen und Trauer

Beschäftigen sich die Betreuer intensiv mit den Kindern auf der Freizeit, so werden sie nicht selten zu Vertrauenspersonen, denen die Kinder Sorgen und Erlebnisse ihres Lebens anvertrauen. Dies können Begebenheiten wie der Tod eines geliebten Haustiers sein, Probleme in der Schule, Stress mit den Eltern oder andere belastende Erfahrungen.

Erzählt ein Kind einem Betreuer von seinen Sorgen, so erwartet es erst einmal nur, dass ihm zugehört und es ernst genommen wird. Handelt es sich nicht nur um eine harmlose kindliche Geschichte, so muss der Betreuer entscheiden, wie er mit der Information umgeht. Zur eigenen Unterstützung ist es sicher sinnvoll, mit Kollegen darüber zu sprechen. Um diesbezüglich nicht in einen eigenen Konflikt zu geraten, sollten Sie Kindern, die sich Ihnen anvertrauen möchten, nicht versprechen, über das Gesagte Stillschweigen zu bewahren. Äußert ein Kind diesen Wunsch, so kann man ihm antworten, dass man nur versprechen könne, verantwortlich mit dem Erzählten umzugehen. Jeder, der haupt- oder ehrenamtlich mit Kindern tätig ist, übernimmt eine gewisse Verantwortung für das Wohl der Kinder. Erzählt ein Kind nun von Erlebnissen, die eine Gefährdung dieses Wohls befürchten lassen, so empfiehlt es sich, mit den Eltern zu sprechen und/oder professionelle Beratung einzuholen, wie mit den Informationen umgegangen werden sollte. Dies ist auch dann sinnvoll, wenn das Kind Verhaltensweisen zeigt, die Anlass zur Sorge geben.

Zu solchen Erlebnissen und Verhaltensweisen zählen:

- körperliche, seelische oder sexuelle Gewalt
- Alkohol- oder Drogenkonsum
- Essstörungen
- Selbstverletzung oder Suizidwunsch
- besonders aggressives oder apathisches Verhalten
- altersuntypische Verhaltensweisen (z.B. Einnässen, starke emotionale Unausgeglichenheit, extrem sexualisiertes Verhalten)
- Wunsch, nicht mehr nach Hause gehen zu müssen
- Suchtmittelmissbrauch von Erziehungsberechtigten
- Vernachlässigung
- Gewalt und massive Konflikte zwischen den Erziehungspersonen

Regionale und überregionale Fachstellen sowie die örtlichen Jugendämter bieten Beratung und Hilfen bei der Klärung möglicher Gefährdungen.

Beratung bei jeglicher Gewalt gegen Kinder:
Deutscher Kinderschutzbund e.V.:
www.dksb.de

Beratung speziell bei sexueller Gewalt:
Wildwasser e.V.:
www.wildwasser.de

Regionaler Kinderschutz und erzieherische Hilfen:
Städtisches Jugendamt/Jugendamt des Landkreises

Adressen: s. Telefonbuch oder Internetseite der Stadt/Gemeinde

2 Unfälle und Krankheiten

Jeder Mitarbeiter einer Fahrt ist verpflichtet, auf die Sicherheit der Kinder zu achten. Um gewisse Gefahrenmomente zu vermeiden, müssen den Kindern Regeln mitgeteilt und deren Einhaltung durchgesetzt werden. Beziehen Sie bei der Planung von Unternehmungen immer das Alter und den Reifegrad der Teilnehmer ein.

Trotzdem ist nicht auszuschließen, dass auf Fahrten auch einmal (kleinere) Unfälle passieren – sei es durch die Übertretung von Regeln, durch unachtsames Verhalten, unglückliche Umstände oder sportliche und spielerische Betätigung.

Kinderfreizeiten zielen darauf ab, dass Kinder ihre Fähigkeiten und Grenzen testen, neue Erfahrungen machen und selbstständiges Agieren lernen. Die Kinder brauchen dafür Handlungsspielraum und entsprechende Angebote. Viele Abenteuer und 100%iger Schutz vor Blessuren wären wünschenswert, sind aber nicht immer leistbar. Für alle, die häufig mit Kindern unterwegs sind, empfiehlt sich daher die Teilnahme an einem Erste-Hilfe-Kurs bzw. die Auffrischung eines solchen, um im Notfall das Richtige zu tun.

Ist einem Teilnehmer tatsächlich etwas passiert, so wird im Anschluss an die Erste Hilfe, falls erforderlich, ärztliche Hilfe in Anspruch genommen. Je nach Unfall wird dafür entweder ein Rettungswagen gerufen oder das Kind zum Arzt gebracht. In jedem Fall informieren Sie so bald wie möglich die Eltern und sprechen die benötigte Behandlung mit ihnen ab.

Um schnelle Hilfe zu gewährleisten, müssen der Verbandskasten sowie ein (Notfall-)Telefon/Handy einen festen Platz haben. Jeder Betreuer sollte zudem wissen, wo sich die KV-Karten und eventuelle Zusatzinformationen über die einzelnen Kinder befinden.

Dass eine schwere Krankheit bei einem Kind ausgerechnet auf einer Freizeit ausbricht, ist eher unwahrscheinlich. Wenn eine solche jedoch befürchtet wird, hilft nur die schnellstmögliche Abklärung durch einen Arzt. Häufiger dagegen treten natürlich Bauch- oder Kopfschmerzen sowie akute Infekte bei den Kindern auf. Medikamente sollten grundsätzlich nur nach Absprache mit den Eltern verabreicht werden, damit sie dazu ihr Einverständnis geben und die Mitarbeiter über mögliche Unverträglichkeiten informieren können.

Erfahrungsgemäß stehen einige kindliche Schmerzen auf Fahrten im Zusammenhang mit der Aufregung, der neuen Umgebung, dem Schlafmangel, den Anstrengungen, zu langem Spielen in der Sonne, zu wenigem Trinken, Menstruationsbeschwerden, Heimweh oder Stress. Bei diesen Schmerzen helfen häufig intensive Zuwendung, Gespräche, Hinlegen und Ruhe, ein kalter Lappen auf der Stirn, viel Trinken, eine Wärmflasche oder ein heißer Tee.

Tipp:
Zur Behandlung von kleineren Prellungen oder harmlosen Insektenstichen hat es sich bewährt, einige Kühlkompressen in den Kühlschrank bereitzulegen. Kamillentee und eine Wärmflasche lindern Bauchschmerzen und vermitteln gleichzeitig eine gewisse Geborgenheit.

3 Soziales Lernen und Konflikte

Die meisten Kinderfreizeiten verlaufen ausgesprochen friedlich und ohne größere Streitigkeiten zwischen den Kindern. Dafür gibt es verschiedene Gründe: Die Kinder stehen unter keinem Leistungsdruck, haben wenige Frustrationserlebnisse, es sind ausreichend Bewegungs- und Rückzugsmöglichkeiten vorhanden. Die Kinder befinden sich in einem neuen und neutral besetzen Umfeld, und der positive Kontakt zwischen den Gleichaltrigen wird durch das Programm gesteuert. Auf einer Fahrt lernen die Kinder neue Seiten an den anderen Kindern kennen, und es kann dadurch eine bessere Akzeptanz untereinander entstehen. Im besten Fall entsteht durch die gemeinsame Zeit ein Wir-Gefühl, das auch noch lange nach der Fahrt das Verhalten untereinander positiv beeinflusst.

Es ist jedoch nicht auszuschließen, dass, z.B. bedingt durch soziale Defizite der Kinder oder aktuelle Situationen, auf der Fahrt Streitigkeiten entstehen oder bereits schwelende Konflikte ausbrechen. Um dem Problem professionell zu begegnen, ist es wichtig, als Pädagoge für die Kinder präsent zu sein und jederzeit als Ansprechpartner zur Verfügung zu stehen.

Bereits in der Anfangsrunde werden mit den Kindern Regeln erarbeitet, auf die im Verlauf der Reise hingewiesen werden kann. Es ist wichtig, dass wirklich alle Betreuer die Fahrt als gewaltfreien Raum ansehen und sofort eingreifen, wenn sie eine Form von Gewalt erleben (ob es nun körperliche oder seelische ist). Das bedeutet, dass ein Kind bereits dann ernsthaft an die Regeln erinnert wird, wenn ein Betreuer bemerkt, dass z.B. ein unschöner Ausdruck gegenüber einem anderen Kind verwendet wurde.
Die Kinder registrieren dadurch, dass selbst kleines Fehlverhalten nicht toleriert wird. Einer Eskalation des Streits wird vorgebeugt.

Fragt ein Kind bezüglich einer erlebten Konfliktsituation um Hilfe, so sollte der Betreuer dies ernst nehmen, anstatt die Kinder immer alles „untereinander regeln" zu lassen. Denn vielen Kindern fehlen tatsächlich Kenntnisse und Erfahrungen, wie man einen Streit schlichtet, wie man Meinungsverschiedenheiten friedlich austrägt, Kompromisse schließt oder sich wieder versöhnt.

Unterstützt durch einfühlsame Pädagogen, bietet eine Fahrt solchen Kindern ein wertvolles Lernfeld. Möglicherweise genügt es jedoch auch, die negativ erlebte Situation mit dem Hilfe suchenden Kind in Ruhe zu besprechen und ihm Verhaltenstipps für einen zukünftigen ähnlichen Fall zu geben.

Stellen die Betreuer allerdings fest, dass die Gruppe insgesamt relativ zerstritten ist und nicht wirklich zueinanderfindet, so ist es sinnvoll, das Programm so auszurichten, dass der Gruppencharakter mehr gefördert wird. Es eignen sich hierfür beispielsweise die „Spiele zur Förderung des Gruppenzusammenhalts" (ab S. 99).

Tipp:
In problembelasteten Gruppen mit Kommunikationsschwierigkeiten empfiehlt sich eine regelmäßige Morgenrunde nach dem Frühstück, um ein gemeinsames Gespräch innerhalb des Tagesablaufs fest zu verankern.

Mögliche Inhalte der Morgenrunde:

- kurzes Statement der einzelnen Kinder zur eigenen Befindlichkeit
- gemeinsame Klärung von Problemen des vergangenen Tages
- Lob der Betreuer für Positives des vergangenen Tages
- Tipps der Kinder untereinander, wie Konflikte vermieden werden können und wie ein gutes Miteinander gelingen kann
- Wiederholung der besprochenen Gruppenregeln
- Absprachen und Planungen für den Tag
- gemeinsames Ritual (z.B. Schlachtruf aus Fragen und Antworten: „Was sind wir? – Ein Team sind wir! – Wie sind wir? – Spitze sind wir! Und wie wird der Tag? – Super!")

3 Start ins Abenteuer

1 Anreise und Ankommen

Falls die Kinder nicht individuell, sondern gemeinsam mit den Betreuern im Bus oder Zug anreisen, ist es möglich, bereits auf der Hinfahrt einen ersten positiven Kontakt aufzubauen. Selbst bei großen Gruppen sollten sich die Betreuer bemühen, mit allen Teilnehmern während der Fahrt zumindest einige Worte zu wechseln. Sie können zu den einzelnen Kindern hingehen, ihnen ein paar Fragen stellen, ein bisschen mit ihnen herumalbern, ihnen etwas von sich erzählen und sie anlächeln.
Bei längerer Anfahrt macht es Sinn, sicherheitshalber einige Beschäftigungsmöglichkeiten dabeizuhaben für Kinder, die sich langweilen, weil sie selbst nichts Entsprechendes eingepackt haben. Hierfür bieten sich Karten- und Würfelspiele (z.B. Uno, Kniffel), Jugendzeitschriften oder Comics an.

Eine gute Gelegenheit, mit einzelnen Kindern ins Gespräch zu kommen (und zudem ein willkommener Zeitvertreib für die jungen Teilnehmer), ist das Ausfüllen eines Fragebogens zur Mitbestimmung (s. Kindermitbestimmung, ab S. 45). Die Betreuer nehmen die ausgefüllten Bögen in Verwahrung, da die Auswertung erst im Anfangskreis am Zielort erfolgt.

2 Methoden zur Zimmerverteilung

Nach der Ankunft möchte jedes Kind natürlich als Erstes wissen, wo es schlafen wird (sofern das Thema „Wer mit wem?" nicht schon auf der Fahrt bis zum Umfallen diskutiert wurde). Das bedeutet, dass die Plätze in den Zimmern bzw. Zelten baldmöglichst verteilt werden sollten.

Die Kinder entscheiden

Material: Zettel, Stift
Dauer: ca. 5 Minuten
Teilnehmer: alle

Für jedes Zimmer wird ein Zettel mit der maximal möglichen Belegungsanzahl beschriftet und auf dem Boden ausgelegt. Die Kinder können sich nun (mit befreundeten Kindern) so zu den Zetteln stellen, dass alle Zimmer voll werden und keine Überbelegungen vorkommen.

So viel zur Idealsituation. Vielleicht entwickelt sich die Situation aber auch so: Lukas möchte gerne in das gleiche Zimmer mit Max und Serhat, dieser kann aber Lukas auf den Tod nicht ausstehen und macht ihm das auch deutlich. Max sagt mit einem Grinsen, dass er am liebsten ein Zusatzbett im Mädchenzimmer hätte, während Lukas in der Ecke sitzt und weint. Währenddessen haben sechs „beste Freundinnen" festgestellt, dass es maximal 5-Bett-Zimmer gibt und nun eine von ihnen ausgeschlossen werden muss.

Falls die Zimmerverteilung in ein Chaos ausartet,
versuchen Sie es doch mal so:

Wünsche angeben

Material: Zettel und Stift für jedes Kind
Dauer: ca. 5 Minuten
Teilnehmer: alle

Jedes Kind schreibt auf einen Zettel geheim 3 Freunde auf, mit denen es gerne auf einem Zimmer wäre. Sie sammeln die Zettel ein und bilden die Zimmer so, dass von jedem Kind mindestens ein Wunsch berücksichtigt wird. Da Sie die endgültige Entscheidung treffen, fühlen sich die Kinder untereinander nicht ungerecht behandelt.
Falls Ihnen diese Methode zu aufwändig erscheint, bleibt immer noch als letzte Lösung die Postkarten-Methode, die den Zufall entscheiden lässt:

Postkarten-Methode

Material: verschiedene Postkarten in der Anzahl der verfügbaren Zimmer, Schere, kleiner Behälter
Dauer: ca. 10 Minuten
Teilnehmer: alle

Halten Sie für alle verfügbaren Zimmer jeweils eine Postkarte bereit. Ordnen Sie jeder Postkarte ein ganz bestimmtes Zimmer zu. Zerschneiden Sie die Postkarten in die Anzahl der Teile, die der Anzahl der Betten entspricht. Stecken Sie alle Postkarten-Schnipsel in einen Hut oder ein kleines Kästchen. Jedes Kind zieht nun blind ein Stück heraus. Anschließend gehen die Kinder mit ihren Teilen herum und suchen die anderen Kinder mit Stücken der gleichen Postkarte. Auf diese Weise finden sich die Zimmergruppen ganz automatisch zusammen. Natürlich führen Sie dieses Ritual für Jungen und Mädchen getrennt durch.

Haben alle eine Bleibe gefunden, bietet eine kurze Pause Kindern wie Betreuern die Möglichkeit, das Gepäck abzulegen, nach der aufregenden Anreise kurz zu verschnaufen und sich einen ersten Eindruck von den Örtlichkeiten zu verschaffen.

3 Kennenlernen

Der klassische und „offizielle" Beginn jeder Freizeit mit Kindern ist der gemeinsame Stuhlkreis. Gleichgültig, ob sich die Teilnehmer der Freizeit bereits kennen oder nicht, bietet er den Betreuern die Möglichkeit, ein Zusammengehörigkeitsgefühl zu wecken und die Kinder auf die gemeinsamen Tage einzustimmen.

Für die Kinder bietet der Stuhlkreis nach den aufregenden ersten Eindrücken von Fahrt und Ankunft die Gelegenheit, etwas zur Ruhe zu kommen und in positiven Kontakt zu den anderen Kindern und den Betreuern zu treten.

Außerdem können die Kinder hier endlich die Fragen zur Fahrt stellen, die ihnen möglicherweise schon seit Stunden, wenn nicht Tagen, durch den Kopf gehen.
Nach einer herzlichen Begrüßung und ein paar freundlichen Worten in die Runde kann die anfangs zum Teil etwas angespannte Situation mit einigen Gruppenspielen schnell in fröhliche Aktivität verändert werden.

Dafür bieten sich „Sozialspiele" an, bei denen es nicht ums Gewinnen oder Verlieren geht, sondern um das begeisterte Miteinander.
Wichtig ist, dass die Betreuer ebenfalls an den Spielen teilnehmen und sie nicht nur anleiten. Wenn möglich, sollte dies für die gesamte Fahrt gelten.

Kennen sich die Kinder und Betreuer oder die Kinder untereinander noch nicht gut, sind Spiele zu empfehlen, die die Gelegenheit bieten, die Namen zu festigen, etwas mehr über die anderen zu erfahren und vielleicht erste Gemeinsamkeiten zu entdecken (s. Kennenlern-Spiele, ab S. 92).

Tipp:
Lassen Sie nach einer Spielbeschreibung die Regeln noch einmal von einem Kind zusammenfassen. Sie können davon ausgehen, dass einige Kinder die Spielregeln beim ersten Mal nicht richtig verstanden haben oder gerade nicht richtig zuhörten. Durch die Wiederholung erübrigt sich die Frage: „Wer hat das Spiel nicht verstanden?", auf die entweder nicht geantwortet wird oder die dazu führt, dass ein Kind sein Unverständnis vor den anderen bloßstellen muss.

Kindermitbestimmung

Damit sich die Kinder während der Fahrt wohlfühlen und lernen, dass sie Verantwortung für das Gelingen in der Gemeinschaft tragen, ist es wichtig, sie altersgerecht mitwirken zu lassen. Die Anfangsrunde bietet sich dafür an, gleich zu Beginn die Ideen und Wünsche der Kinder bezüglich der Fahrt abzufragen.

Die Sorge, dass sich die Wünsche der Kinder nicht mit der Planung der Erwachsenen vereinbaren lassen, ist in der Regel völlig unbegründet. Erfahrungsgemäß werden viele Wünsche durch ein altersgerechtes Programm wie von selbst abgedeckt. So wünschen sich Kinder Spiele, Disco, Fußball, Schwimmen, langes Aufbleiben, Gruselgeschichten und Ähnliches. Sollten mit dem Programm unvereinbare Wünsche aufkommen, so sind Kinder in der Regel sehr einsichtig, wenn man ihnen erklärt, warum einiges leider nicht möglich ist (kostet viel Geld, Entfernung zu groß, zu wenig Zeit, Material nicht vorhanden, zu gefährlich …).

„Du hast drei Wünsche frei!"

Material: Zettel in Wolkenform, Stifte, blaues Plakat
Dauer: 15 – 30 Minuten
Teilnehmer: 5 – 35

Erklären Sie, dass jeder Teilnehmer drei Wünsche freihat, was er auf dieser Fahrt gerne erleben oder tun möchte. Jedes Kind beschriftet eine Wolke mit drei Wünschen. Sammeln Sie die Zettel ein, und lesen Sie sie vor. Es gibt sicher auch Kinder, die das gerne übernehmen. Nach dem Vorlesen werden die Wolken auf ein blaues Plakat bzw. „in den Himmel" geklebt. Wenn alle Wolken aufgeklebt sind, sprechen die Gruppenleiter mit den Kindern darüber, welche Wünsche möglich gemacht werden und welche leider nicht in Erfüllung gehen und warum.

Mitbestimmungs-Fragebogen

Material: Fragebögen, Stifte, großes Plakat
Dauer: 10 – 20 Minuten
Teilnehmer: 5 – 40

Jedes Kind erhält einen Fragebogen, den es entweder alleine oder mit ein bis zwei anderen Kindern gemeinsam ausfüllen darf. Je nach Alter der Kinder und Gegebenheiten der Fahrt kann der Fragebogen eher kurz oder umfangreicher gehalten werden. Eventuell kann das Ausfüllen der Bögen auch bereits auf der Anreise geschehen.
Zur Auswertung werden die auf den Fragebögen geäußerten Wünsche der Kinder auf einem großen Plakat gesammelt. Wenn sich einige Kinder auch zu anderen Fragen äußern möchten, ist das möglich. Es ist jedoch nicht nötig, dies alles nochmals zu notieren. Damit die Auswertung bei großen Gruppen nicht zu lange dauert, stellt nicht jeder seinen Fragebogen vor, sondern es wird in die Runde gefragt, wer seine Wünsche laut vorlesen möchte. Viele Wünsche werden sich mit der Zeit wiederholen, und ruhigere Kinder halten sich zu Beginn einer Reise gerne noch etwas zurück. Wichtig ist jedoch, dass auch stillere Jungen oder Mädchen immerhin schriftlich die Möglichkeit hatten, sich mit ihren Wünschen bezüglich der Freizeit auseinanderzusetzen.

Beispiel eines Mitbestimmungsbogens

Deine Meinung ist uns wichtig!

Wie siehst du aus? Zeichne dich selbst.

Wie heißt du? ______________________

Wie alt bist du? ______________________

Welche Hobbys hast du?

____

____

Warst du schon einmal auf einer Kinderfreizeit? ______________________

Wenn ja, wo und mit wem? ______________________

Warum fährst du bei dieser Freizeit mit? ______________________

____

____

Was würdest du auf der Freizeit gerne machen? ______________________

____

____

Was sollte auf der Freizeit nicht passieren? ______________________

____

Was isst du gern? ______________________

Was möchtest du gerne noch sagen? ______________________

____

5 Ablauf der Fahrt und Regeln

Nach dem ersten Kennenlernen und dem Abfragen der Vorstellungen der Kinder wird es Zeit, die Neugier der Kinder nach Informationen zur Freizeit zu befriedigen. Ob Sie den Kindern alle Programmpunkte verraten oder noch einige Überraschungen aufsparen möchten, liegt bei Ihnen.

Wichtig ist jedoch, den Kindern zumindest einen groben Überblick über den Ablauf der Freizeit zu geben, da ihnen dies Sicherheit vermittelt. Hierbei bedarf es keiner spielerischen Methode, sondern eines offenen Gesprächs mit den Kindern. Was wird am ersten und zweiten Tag gemacht? Wann ist der nächste Treffpunkt und wo? Gibt es festgelegte Weck- und Ruhezeiten? Gibt es feste Essenszeiten? Wo schlafen die Gruppenleiter?

Sollten bei der Freizeit Dienste nötig sein, wie Kochen, Abspülen, Tischdienst und Ähnliches, so ist dies ein passender Zeitpunkt, um die Kinder dafür einzuteilen oder diese sich dafür melden zu lassen.
Anschließend dürfen die Kinder ausgiebig Fragen stellen. Gerade bei jüngeren Kindern wird es vorkommen, dass sie nicht alle Erklärungen verstanden haben oder sie sich diese nicht gleich merken konnten.
Sie werden möglicherweise Fragen stellen, von denen die Betreuer annehmen, sie bereits ausreichend erklärt zu haben, oder solche, auf die nur Kinder kommen können („Darf ich nach der Bettruhe noch aufs Klo gehen?“ oder „In meinem Zelt ist eine Kröte, was soll ich machen?“).

Nach den Erläuterungen des Ablaufs ist das Thematisieren der Regeln der nächste wichtige Programmpunkt. Es gibt zwei Arten von Regeln:

- Regeln, die die Kinder gemeinsam beschließen,
- Regeln, die zum Schutz der Kinder vom Betreuerteam vor der Fahrt gemeinsam erarbeitet wurden und die den Kindern mitgeteilt werden.

Viele Konflikte zwischen den Teilnehmern lassen sich dadurch vermeiden, dass Sie die Kinder dazu anleiten, zu Beginn Vereinbarungen für das Miteinander zu treffen. Gleichzeitig akzeptieren die Kinder Regeln, für die sie sich selbst entschieden haben, besser als solche, die ihnen vorgeschrieben werden. Kinder können klar benennen, wie sie von anderen behandelt werden möchten. So werden viele Regeln, die die pädagogischen Mitarbeiter für wertvoll erachten, wie freundlicher und respektvoller Umgang miteinander oder das Respektieren des Eigentums anderer, sicher bereits von den Kindern geäußert werden.

Kinder-Regel-Methode

Material: Blätter, Stifte
Dauer: ca. 15 – 20 Minuten
Teilnehmer: 5 – 40

Fragen Sie offen in die Runde: „Welche Regeln findet ihr für unsere Freizeit wichtig? Wer hat eine Idee?"

Falls erforderlich, stellen Sie konkretere Fragen:
„Wie sollen wir während der Freizeit miteinander umgehen?"
„Was sollen andere Kinder nicht mit euch machen?"
„Welche Regeln sollen in eurem Zimmer oder Zelt gelten?"
„Wie wollen wir uns beim Essen verhalten?"
„Wie sollen andere Kinder mit euren Sachen umgehen?"

Bringt ein Kind einen Regelvorschlag, so fragt ein Betreuer in die Runde, ob die anderen diese Regel auch für wichtig und gut halten. Vielleicht wird der Regel gleich beigepflichtet, vielleicht entsteht auch eine Diskussion. Die pädagogischen Mitarbeiter können dann mitdiskutieren und Anregungen für Veränderungen oder Konkretisierungen der Regel vorschlagen.

Möglicherweise möchten sich auch Teilgruppen der Kinder unterschiedliche Regeln geben, weil sie sich nicht auf gesamtverbindliche einigen können. Es wäre z.B. möglich, dass in einem Mädchenzimmer tagsüber Jungen willkommen sind, während ein anderes Mädchenzimmer Jungen den Zutritt gänzlich untersagt. Hat sich die Gruppe oder eine Teilgruppe auf eine Regel geeinigt, so wird diese auf ein Blatt geschrieben, in die Mitte des Kreises gelegt und ist damit gültig. Es werden nun so lange Regeln verabschiedet, bis keine weiteren Vorschläge mehr gemacht werden.

Um den Schutz der Kinder zu gewährleisten, muss sich das Mitarbeiterteam in der Vorbereitungsphase darüber verständigt haben, welche Regeln für die Reise nötig und sinnvoll sind. Diese Schutz-Regeln werden den Kindern vorgestellt und erklärt, sind jedoch indiskutabel.

Schutz-Regel-Methode

Material: DIN-A4-Blätter mit jeweils einer Regel und einer dazu passenden Abbildung
Dauer: ca. 10 Minuten
Teilnehmer: 5 – 40

Bereiten Sie Blätter vor, auf denen jeweils eine im Betreuerteam erarbeitete Regel steht. Die einzelnen Regeln werden nacheinander benannt, begründet und das Blatt in die Mitte des Kreises gelegt. Damit sich die Regeln den Kindern besser einprägen, ist es sinnvoll, den Text durch ein passendes (gezeichnetes oder ausgeschnittenes) Bild zu ergänzen.

Tipp:
Formulieren Sie eine Regel stets als positive Handlungsanweisung, denn Menschen lernen ein Verhalten leichter, wenn ein Bild jener gewünschten Handlung in ihrem Kopf entsteht.
Es ist dagegen kaum möglich, sich etwas nicht bildlich vorzustellen. Klassisches Beispiel: „Stellen Sie sich jetzt mal keinen Elefanten vor!" (Ergebnis: Das Bild eines Elefanten erscheint vor dem inneren Auge.)

Pädagogisch sinnvoll ist z.B. die Formulierung: „Wir tragen in der Jugendherberge Hausschuhe." Weniger gut ist die Formulierung:
„Es ist verboten, Straßenschuhe in der Jugendherberge zu tragen."
Dabei würde bei den Kindern „Straßenschuhe im Haus" als Bild im Kopf hängen bleiben, wünschenswert ist jedoch das Bild „Hausschuhe im Haus".

Sinnvolle Schutz-Regeln

- Einhaltung des Jugendschutzgesetzes (Rauchen und Alkohol ist tabu)
- Verlassen des Geländes nur in Begleitung anderer Kinder
- Ab- und Anmelden bei Verlassen des Geländes bei einem Betreuer
- Materialentnahmen nur mit Erlaubnis eines Betreuers
- Betreten von Gefahrenzonen nur in Begleitung eines Betreuers
- sorgsamer Umgang mit der Einrichtung und dem Material
- Gruppenleiter dürfen bei Konflikten und Sorgen jederzeit um Hilfe gebeten werden

Tipp:
Beim Thema „Hilfe durch Betreuer" bietet sich die Erklärung des Unterschieds zwischen „petzen" und „Hilfe holen" an, den viele Kinder nicht kennen.

Petzen bedeutet:
Ein Kind erzählt einem Betreuer, was ein anderes Kind anstellen will oder angestellt hat, weil es möchte, dass dieses Ärger bekommt.
Eine Gefahr geht von dem „verpetzten" Verhalten nicht aus:

- Ein Kind hat im Haus keine Hausschuhe getragen,
- einige Mädchen haben nachts heimlich die Jungen besucht,
- ein Junge hat sich am Abend nicht die Zähne geputzt.

Hier kann dem petzenden Kind erklärt werden, dass es nicht schön ist, anderen Ärger bereiten zu wollen, und dass die Gleichaltrigen sehr ärgerlich auf das Anschwärzen reagieren werden.

Hilfe holen bedeutet:

- Ein Kind wurde verletzt oder ihm droht Gewalt oder Gefahr,
- ein Kind gerät in eine gefährliche Situation,
- ein Kind hat Angst, ist krank, ist traurig,
- ein Kind hat einen persönlichen Gegenstand verloren oder wurde bestohlen.

Hierbei macht sich der Helfer begründet Sorgen und übernimmt Verantwortung für die eigene oder fremde Unversehrtheit. Das ist ein gewaltiger Unterschied zum Petzen. Selbst junge Kinder können das verstehen.

© Jacek Chabraszewski – Fotolia.com

4

Aktionen und Spiele fürs Tagesprogramm

Spielaktionen kommen bei Kindern immer gut an, weil sie deren Ehrgeiz wecken, allein oder als Team etwas zu erreichen. Sie werden dem Bedürfnis der Kinder gerecht, sich mit Gleichaltrigen spielerisch zu messen. Es ergeben sich für die Teilnehmer immer wieder kleine Erfolgserlebnisse, die zum Durchhalten und Weitermachen motivieren. Die Kinder erkennen dadurch, dass es zwar manchmal Mut kostet, Neues auszuprobieren oder sich unerwarteten Aufgaben zu stellen, dass man dadurch aber auch erfährt, was alles in einem steckt.
Die in diesem Kapitel beschriebenen Spielaktionen erstrecken sich über ein bis mehrere Stunden.

1 Aktionen für drinnen oder draußen

Die in diesem Kapitel beschriebenen Spielaktionen lassen sich innerhalb von Gebäuden oder auch im Freien durchführen.

Tipp:
Bei jeder mehrtägigen Fahrt haben Sie sicherheitshalber 1–2 vorbereitete Quiz-Shows (z.B. „Wer wird Quizkönig?" (s. S. 64) oder „Montagsmaler de luxe" (s. S. 58) dabei. Bei unerwartet vielen Regentagen sorgen sie für Beschäftigung und Begeisterung bei den Kindern. Selbst der begrenzte Platz, den ein Gemeinschaftszelt oder ein Gruppenraum bietet, reicht dafür locker aus.

Spaßolympiade

Material: Laufzettel, Stifte, Stoppuhren oder Uhren mit Sekundenzeiger, Meterstab/Maßband, 1-Liter-Flasche, Linsen, Strohhalme, 2 Gefäße, Teebeutel, Perlen, Faden, Kugelschreiber, leere Flasche, Glas, Löffel, Tischtennisball, Luftballons, Sack, Wolle
Dauer: ca. 90–150 Minuten
Teilnehmer: 5–40

Eine Spaßolympiade setzt sich aus verschiedenen Disziplinen zusammen, die jeder Teilnehmer zu durchlaufen hat.
Jedes Kind erhält einen mit Namen gekennzeichneten Laufzettel, auf dem alle Disziplinen aufgelistet sind. Jeder Pädagoge betreut eine oder mehrere der Disziplinen und trägt die Ergebnisse der Kinder in deren Laufzettel ein. Bei einer größeren Teilnehmeranzahl (ab ca. 12 Kindern) und einem ausreichenden Platzangebot sollten mehrere Disziplinen gleichzeitig angeboten werden, damit die Kinder nicht zu lange warten müssen, bis sie an der Reihe sind. In welcher Reihenfolge die Disziplinen absolviert werden, bleibt dann jedem Kind selbst überlassen.

Bei einer kleinen Gruppe (bis ca. 12 Kinder) ist es möglich, die Disziplinen nacheinander anzubieten. Die Kinder nehmen so viel direkter Anteil an den Erfolgen der anderen Teilnehmer und erfahren mehr Aufmerksamkeit für die eigenen Leistungen.
Nach dem Absolvieren aller Disziplinen werden die Laufzettel eingesammelt und von den Betreuern ausgewertet. Die gerechteste (etwas aufwändige) Form der Auswertung sieht folgendermaßen aus: Für jede Disziplin entspricht die Höchstpunktzahl der Anzahl der Teilnehmer. Haben z.B. 20 Kinder teilgenommen, erhält der Erste 20 Punkte, der Zweitplatzierte dieser Disziplin 19 Punkte usw.
Diese Auswertung erfolgt für alle Disziplinen. Wer insgesamt die meisten Punkte erreicht, hat die Spaßolympiade gewonnen. Bei der Siegerehrung sollten, je nach Teilnehmeranzahl, nur die Plätze 1 – 3 oder 1 – 5 sowie die besten jeder einzelnen Disziplin namentlich genannt werden, um die Kinder mit geringerer Punktzahl nicht vor den anderen bloßzustellen.

Mögliche Disziplinen:

Flasche stemmen

Eine volle 1-Liter-Flasche muss mit gestrecktem Arm auf Schulterhöhe neben dem Körper möglichst lange gehalten werden. Die Zeit wird gestoppt und notiert.

Linsen ansaugen

Das Kind hat 1 Minute Zeit, möglichst viele Linsen durch Ansaugen mit einem Strohhalm von einem Gefäß in ein anderes zu bringen. Die Anzahl der Linsen wird notiert.

Teebeutel-Weitwurf

Das Kind steht mit dem Rücken zu einer Linie. Es nimmt das Schildchen eines Teebeutels in den Mund, schwingt ihn einige Male vor und zurück und schleudert ihn anschließend weit nach hinten über den Kopf. Jeder hat 2 Versuche, der bessere zählt. Die Weite wird gemessen und notiert.

Perlen auffädeln

Die Kinder haben 1 Minute lang Zeit, möglichst viele Perlen auf einen Faden aufzufädeln. Die Anzahl der Perlen wird notiert.

Stift in die Flasche

Den Kindern wird hinten um die Taille oder am Gürtel eine Schnur befestigt, an der unten ein Kugelschreiber hängt. Die Schnur muss so lang sein, dass die Spitze des Stiftes gerade die Flaschenöffnung einer am Boden stehenden leeren Flasche berührt. Wer an der Reihe ist, stellt sich ca. 3 Meter von der Flasche entfernt auf und hat die Aufgabe, schnell zur Flasche hinzugehen und dann ohne Handeinsatz den Stift so in die Flasche zu befördern, dass die Stiftspitze den Flaschenboden berührt. Die Zeit wird gestoppt und notiert.

Schätzen

Füllen Sie eine abgezählte Menge an Perlen in ein Glas. Die Kinder müssen die Anzahl schätzen. Die geschätzte Zahl wird notiert.

Erschwerter Eierlauf

Den Kindern wird ein Luftballon zwischen die Knie geklemmt. Auf diese Weise müssen sie einen Tischtennisball, der auf einem Löffel liegt, über eine festgelegte Strecke transportieren. Die Zeit wird gestoppt und notiert.

Kniebeugen

Die Kinder müssen ohne Pause möglichst viele Kniebeugen in einer halben Minute machen. Die Anzahl wird notiert.

Strohhalm-Weitwurf

Ein Strohhalm muss möglichst weit geworfen werden. Jeder hat 2 Versuche, der weiteste zählt. Die Weite wird gemessen und notiert.

Sackhüpfen

Die Kinder müssen eine markierte Strecke per Sackhüpfen zurücklegen. Die Zeit wird gestoppt und notiert.

Schnur knoten und wickeln
Die Kinder müssen möglichst schnell 10 Knoten nebeneinander in eine ca. 3 Meter lange Schnur machen und die gesamte Schnur dann um einen Stift wickeln. Die Zeit wird gestoppt und notiert.

Beispiel für den Aufbau eines Laufzettels:

Disziplin:	**Versuch 1**	**Versuch 2**	**Punkte: Bester Versuch**
Flasche stemmen			
Linsen ansaugen			
…			
		Gesamt-Punktzahl:	

Die verflixte Jagd nach der 49

Material: 4 verschiedenfarbige Spielfiguren, 1 Würfel, 49 Zettel (ca. DIN A6), selbsthergestellter Spielplan mit einem Weg aus 49 nummerierten Feldern, Klebeband, Stift
Dauer: 60 – 90 Minuten
Teilnehmer: 6 – 20

„Die verflixte Jagd nach der 49" ist eine spannende Spielaktion, bei der die Kinder laut und begeistert durch das ganze Haus oder die Gegend toben werden. Sie sollte daher nicht unbedingt zu Zeiten und an Orten der Besinnung und Ruhe durchgeführt werden.

Jeder der 49 Zettel wird vorne mit einer Frage oder kleinen Aufgabenstellung beschriftet, die Rückseite erhält eine der Zahlen von 1 – 49. Diese Zettel werden irgendwo im Haus oder draußen verteilt oder angeklebt, sodass die Zahl sichtbar ist.

Bilden Sie 4 Teams aus 2 bis 5 Kindern. Die Spielleitung sitzt mit dem Spielplan an einem Tisch und besitzt eine Übersicht mit den Antworten auf die Fragen von 1 – 49. Ungefähr 2 Meter vom Tisch entfernt wird eine Linie am Boden markiert. Jedes Team erhält eine gemeinsame Spielfigur. Ein Mitglied des ersten Teams würfelt und zieht die Figur gemäß der Augenzahl. Sofort machen sich nun alle Teammitglieder auf die Suche nach dem Zettel mit der Nummer des Feldes, auf dem ihre Spielfigur gelandet ist. Die anderen Teams würfeln schnell nacheinander ebenfalls, landen auf irgendeinem Feld und gehen ebenfalls die entsprechenden Zettel suchen. Hat ein Teammitglied den benötigten Zettel gefunden, so ruft es die anderen seines Teams zusammen. Der Zettel wird gemeinsam an Ort und Stelle gelesen und sofort wieder dort hingelegt oder -geklebt, wo er gefunden wurde. Es könnte schließlich sein, dass ein anderes Team auf demselben Feld landet. Das gesamte Team läuft zum Spielplan zurück und nennt der Spielleitung die Antwort. Die Spielleitung muss darauf achten, dass beim Beantworten wirklich alle Teammitglieder anwesend sind. Wurde richtig geantwortet, so darf neu gewürfelt und gezogen werden, und die Suche geht aufs Neue los. Wurde eine falsche Antwort gegeben, so wird nicht gewürfelt, sondern die Spielfigur geht 2 Felder zurück, und dieser Zahlenzettel muss gesucht und beantwortet werden. Steht gerade ein gegnerisches Team beim Spielleiter, so müssen sich die anderen Teams, die ebenfalls eine Antwort loswerden möchten, hinter der Linie anstellen und warten, bis der Platz am Tisch frei ist. Gewonnen hat das Team, das als Erstes die 49. Frage richtig beantwortet hat. Um das Spiel länger andauern zu lassen, können beim Würfel die Zahlen 5 und 6 überklebt und an deren Stelle nochmals die Würfelaugen 2 und 3 aufgemalt werden.

Mögliche Aufgaben: Witz erzählen, kurzes Gedicht aufsagen, etwas buchstabieren, verschiedene Turnübungen machen, kleines Lied singen, Gegenstände suchen und vorbeibringen.
Mögliche Fragen: s. „Der große Preis", ab S. 60.

Montagsmaler de luxe

Material: Plakate, Stifte, Knete, Zettel mit Begriffen, Stoppuhr
Dauer: ca. 90 Minuten
Teilnehmer: 8 – 30

Bereiten Sie Zettel mit Begriffen vor, die zudem die Information enthalten, auf welche Weise der jeweilige Begriff dargestellt werden muss. Als Darstellungsarten stehen zur Verfügung: malen, Pantomime, erklären, summen, in die Luft zeichnen und evtl. kneten (ist nur bei Gruppen mit maximal 14 Teilnehmern möglich).

Die Kinder bilden 2 Teams, die gegeneinander antreten. Ein freiwilliges Kind zieht einen Zettel, liest ihn für sich und versucht, ihn auf die vorgeschriebene Art und Weise den anderen Teammitgliedern deutlich zu machen. Dafür steht ihm 1 Minute zur Verfügung. Wurde der Begriff erraten und die Minute ist noch nicht abgelaufen, so darf das Kind versuchen, in der verbleibenden Zeit einen zweiten Begriff darzustellen.

Das Team erhält für jeden erratenen Begriff 1 Punkt, anschließend kommt das andere Team an die Reihe. Bei den nachfolgenden Durchgängen der beiden Teams sollten möglichst unterschiedliche Kinder dazu ermutigt werden, die Begriffe darzustellen. Die Gruppe mit den meisten Punkten gewinnt.

Variante: Die Gruppe wird nicht geteilt, sondern alle Kinder versuchen gemeinsam, den jeweiligen Begriff zu erraten. Wer ihn als Erster errät, darf den nächsten Begriff ziehen und darstellen.

Beispielbegriffe, beliebig erweiterbar:

Malen:
Zopf, Unterhose, Hubschrauber, Rakete, Turm, Badewanne, Teddybär, Laptop, Waage, Polizist, Dreirad, Billardtisch, Radio, Lesezeichen …

Pantomime:
Bumerang, Tor, Hufeisen, Hamburger, Erdnüsse, Igel, Babysitter, Schaukelstuhl, Ketschup, Durst, Strafarbeit, Autorallye, Schwangerschaftsgymnastik, Stuntman …

Erklären:
Qualle, Dachgepäckträger, Punk, Blaulicht, Untersuchung, Schwiegermutter, Quatsch, Rapunzel, Mähdrescher, Pippi Langstrumpf, Windpocken, Flagge, Hypnose, Zäpfchen …

Summen:
Alle meine Entchen, Hänschen klein, Deutsche Hymne, Türkische Hymne, O Tannenbaum, Bruder Jakob, Stille Nacht, Feuerwehrsirene, We are the champions, Die Affen rasen ..., Biene Maya, Sandmännchenlied, My heart will go on (aus „Titanic"), Schulglocke ...

In die Luft zeichnen:
Blume, Gießkanne, Auge, Schere, Briefumschlag, Hochhaus, Elefant, Schlüssel, Steckdose, Ente, Brille, Handy, Kleid, Spiegelei ...

Kneten:
Knochen, Pilz, Mond, Kirsche, Stern, Säge, Ohr, Flöte, Berg, Legostein, Schlange, Wasserhahn, Karotte, Schraubenzieher ...

Der große Preis

Material: ein Plakat mit den verschiedenen Fragekategorien, darunter jeweils die Zehnerzahlen von 10 – 100, Zettel, Stift, kleiner Preis
Dauer: 60 – 90 Minuten
Teilnehmer: 6 – 40

Die Kinder werden in 2 – 4 Teams (A, B, C, D) aufgeteilt, die gegeneinander antreten. Team A beginnt und entscheidet sich für eine Kategorie und irgendeine Zahl, z.B. „Märchen und Geschichten – 30". Hinter jeder der Zahlen auf dem Plakat verbirgt sich eine Frage.
Die Zahl ist gleichbedeutend mit der Punktzahl, die das Team für die richtige Antwort erhält. Je schwieriger die Frage, desto mehr Punkte ist sie wert.

Streichen Sie auf dem Plakat die vom Team genannte Nummer aus, um kenntlich zu machen, dass diese nun nicht mehr existiert, und stellen Sie die entsprechende Frage. Team A muss sich auf eine gemeinsame Antwort einigen. Ist die Antwort richtig, bekommt es die Punkte gutgeschrieben. Wurde eine falsche Antwort gegeben, erhält das Team A keine Punkte, und die Frage geht weiter an Team B. Team B kann entscheiden, ob es antworten oder eine andere Frage auswählen möchte. Wenn es sich allerdings für die Beantwortung entscheidet, darf es, gleichgültig, ob die Frage richtig oder falsch beantwortet wird, keine weitere Frage aussuchen. Bei richtiger Antwort wird die entsprechende Punktzahl vergeben, bei falscher ist das nächste Team an der Reihe.

Hinter einigen Zahlen verbirgt sich ein Joker. Dabei erhält das Team, ohne eine Frage beantworten zu müssen, die entsprechenden Punkte.
Außerdem sind einige Risiko-Fragen versteckt. Trifft ein Team auf eine Risiko-Frage, so muss es, bevor ihm die Frage gestellt wird, selbst entscheiden, wie viele Punkte es für die richtige Antwort erhalten will. Allerdings wird diese Punktzahl bei falscher Antwort auch von den bisher erspielten Punkten abgezogen.
Das Team, das am Ende die meisten Punkte erzielt hat, gewinnt einen kleinen Preis.

Beispiel für einen „großen Preis" mit 6 Kategorien für Kinder im Alter von etwa 9–12 Jahren:

Kategorien: Tiere, Märchen & Geschichten, Scherzfragen, Sport & Spiel, Musik, Film & Fernsehen

Tiere

10 Wie nennt man ein junges Pferd? **Fohlen**

20 *Risiko:* Welche Tiere sind nur nachts unterwegs und schlafen am Tag mit dem Kopf nach unten? **Fledermäuse**

30 Welches der folgenden Tiere gehört zu den Reptilien: Haifisch, Flamingo, Paradiesvogel oder Eidechse? **Eidechse**

40 *Joker*

50 Welche Raupe presst aus ihren Drüsen einen feinen Faden, aus dem die Menschen Stoffe herstellen? **Seidenraupe**

60 Wie bezeichnet man ein schwarzes Pferd? **Rappen**

70 Wie heißt der Lurch mit den auffälligen gelben Flecken, der beim Anfassen ein Brennen verursacht? **Feuersalamander**

80 Wie heißt der Prärie- oder Heulhund, der vor allem im westlichen Teil Nordamerikas lebt? **Kojote**

90 Wie heißen die Huftiere, die aus der Kreuzung zwischen einem männlichen Pferd und einem weiblichen Esel entstehen? **Maulesel**

100 Wie viele Kilometer kann eine Brieftaube am Tag zurücklegen: 200–400, 500–700, 800–1000, 1100–1300 km? **800–1000**

Märchen und Geschichten

10 Wie heißt das Mädchen, das viele Abenteuer im Wunderland erlebt? **Alice**
20 Wie heißt der Bär im „Dschungelbuch"? **Balu**
30 Warum ist Obelix so stark? **Weil er als Kind in den Zaubertrank fiel.**
40 Auf welchem grünen Gemüse schlief eine Königstochter schlecht? **Erbse**
50 *Risiko:* In welchem Land lebte Robin Hood? **England**
60 Wie heißen das Pferd und das Äffchen von Pippi Langstrumpf? **Kleiner Onkel und Herr Nilsson**
70 Wie sah der Kaiser mit seinen neuen Kleidern aus? **Nackt**
80 *Joker*
90 Tom Sawyer hat einen guten Freund. Wie heißt er? **Huckleberry Finn**
100 Wie heißt das Herrchen von Snoopy? **Charlie Brown**

Scherzfragen

10 *Risiko:* Welches Tier hat seinen eigenen Kamm? **Hahn**
20 Was wird beim Abtrocknen nass? **Handtuch**
30 Was sagen sich Fuchs und Hase? **Gute Nacht!**
40 Welcher Bus überquerte als Erster den Atlantik? **KolumBUS**
50 Kurz vor Berlin schlief Herr Müller im Auto ein, kam aber trotzdem ohne Unfall an. Wie kam das? **Er war der Beifahrer.**
60 Hat Abraham auch Elefanten mit in seine Arche genommen? **Nein, es war Noah.**
70 Braucht man ihn, wirft man ihn weg, braucht man ihn nicht, holt man ihn heran! **Anker**
80 Wie weit läuft ein Hirsch in den Wald hinein? **Bis zur Mitte, dann läuft er wieder hinaus.**
90 Welche Blume hat niemand gern im Gesicht? **Veilchen**
100 Wer lebt, im Gegensatz zu allen anderen Kaufleuten, umso besser, je schlechter der Absatz ist? **Der Schuster**

Sport und Spiel

10 Wie viele Spieler hat ein Fußballteam? **11**
20 Wie viele Punkte hat ein 6-seitiger Würfel insgesamt? **21**
30 Was befindet sich in einem Tischtennisball? **Luft**
40 Wie heißt das Spiel, bei dem man mit viel Fingerspitzengefühl dünne Holzstäbchen voneinander trennen muss? **Mikado**
50 *Joker*

60 Bei welchem britischen Spiel wird, wie beim American Football, ein ovaler Ball verwendet? **Rugby**
70 *Risiko:* Wie viele Felder hat ein Schachbrett? **64**
80 Wofür stehen die 5 Ringe des Symbols bei den Olympischen Spielen? **Für die 5 Kontinente**
90 Wie heißt das berühmteste Radrennen der Welt? **Tour de France**
100 Wie heißt die Scheibe, mit der beim Eishockey gespielt wird? **Puck**

Musik

10 Nennt einen Musiksender des Fernsehens. **MTV, Viva**
20 Nennt ein Lied, das zurzeit in den Charts ist.
30 Was heißt Klavier auf Englisch? **Piano**
40 Wie viele Saiten hat eine normale Gitarre? **6**
50 Risiko: Wie viele Luftballons hat Nena in ihrem Lied besungen? **99**
60 Summt die Titelmelodie von den „Simpsons".
70 *Joker*
80 Wie viele Lautsprecher braucht man mindestens für Stereo-Klang? **2**
90 Wofür steht die Abkürzung CD? **Compact Disc**
100 Von welcher Band stammt das Lied „We are the champions": Queen, ABBA, Beatles oder Rolling Stones? **Queen**

Film und Fernsehen

10 Welche Tiere sind Tom und Jerry? **Katze und Maus**
20 Wer, wie, was, wieso, weshalb, warum, … Wie geht's weiter? … **wer nicht fragt, bleibt dumm!**
30 Nenne 4 Disney-Filme.
40 Wie heißen in der Welt von Harry Potter die Menschen, die nicht zaubern können? **Muggel**
50 Risiko: Wie heißt Agent 007? **James Bond**
60 Wie viele Finger haben die Simpsons an jeder Hand? **4**
70 Welches grüne „Monster" muss sich mit einem vorlauten Esel und allerlei Märchenfiguren herumschlagen? **Shrek**
80 Wie nennt man eine gefährliche Szene bei Filmaufnahmen? **Stunt**
90 Welches Möbelstück wird in „Der Schuh des Manitu" als Kriegssymbol ausgegraben? **Ein Klappstuhl**
100 Wie heißen die Hüter des Friedens in den „Star Wars"-Filmen? **Jedi**

Wer wird Quizkönig?

Material: Zettel, Stifte, Stühle, evtl. 3 Tafeln Schokolade
Dauer: ca. 60 – 90 Minuten
Teilnehmer: 6 – 36

Soweit möglich, sollte eine Situation geschaffen werden, die der räumlichen Anordnung der bekannten Quizshow im Fernsehen entspricht:
In der Mitte 2 sich gegenüberstehende Stühle für Moderator und Kandidat, darum ein Halbkreis mit ca. 12 Plätzen für die Auswahlkandidaten, dahinter das Publikum.

Falls die Gruppe mehr als 12 Kinder umfasst, ist es sinnvoll, auszulosen, wer bei der ersten Runde zu den Auswahlkandidaten gehören darf.
Die Kinder, die übrig bleiben, sind das Publikum und dürfen bei einer der nächsten Runden zu den Auswahlkandidaten gehören.
Die Quizshow beginnt damit, dass der Moderator die Auswahlkandidaten vorstellt und ihnen dann die Auswahlfrage stellt.
Die Kandidaten sind mit Zettel und Stift ausgestattet und müssen so schnell wie möglich die vier Begriffe in der richtigen Reihenfolge notieren und dann „Stopp!" rufen. Der Moderator wartet, bis 3 Kinder nacheinander „Stopp!" gerufen haben, und lässt sich dann von dem Kind, das als Erstes fertig war, den Zettel zeigen. Stimmt die notierte Reihenfolge, darf es sich auf den begehrten Stuhl setzen. Hat es falsch geantwortet, wird der Zettel des Zweitschnellsten, danach der des Drittschnellsten geprüft. Sollten alle drei falschliegen, wird eine neue Auswahlfrage gestellt.

Dem Kandidaten stehen hier sogar 5 Joker zu Verfügung:

Publikumsjoker: Den Publikumskindern wird die Frage gestellt, und sie stehen jeweils bei der Antwortmöglichkeit auf, die sie für richtig halten.

Betreuer-Joker: Er ermöglicht es, einen der anwesenden Betreuer nach der Lösung zu fragen.

50/50-Joker: Der Moderator streicht 2 falsche Möglichkeiten der Fragestellung.

Experten-Joker: Dem Publikum wird die Frage gestellt. Alle Kinder, die glauben, die Antwort zu wissen, stehen auf. Der Kandidat darf nun eines der stehenden Kinder nach seiner Meinung fragen.

Telefon-Joker: Der Kandidat darf eine beliebige Person anrufen. Diese hat 30 Sekunden Zeit, die Frage zu beantworten.

Dem jungen Kandidaten werden so lange Fragen einer immer höheren Gewinnstufe gestellt, bis er falsch antwortet oder die Million erreicht hat. Der Preis für alle Kinder, die es geschafft haben, ist eine Tafel Schokolade, um die eine Papierbanderole mit dem erreichten Betrag geklebt wurde.

Mögliche Auswahlfragen:

Ordne diese Bälle nach ihrer Größe. Beginne mit dem größten:
A – Fußball, B – Medizinball, C – Handball, D – Tischtennisball
Lösung: B, A, C, D

Bringe die Feste in die richtige Reihenfolge des Kalenderjahrs.
A – Tag der deutschen Einheit, B – Pfingsten, C – Silvester, D – Ostern
Lösung: D, B, A, C

Ordne diese Sportarten aufsteigend nach der Anzahl der Sportler, die gleichzeitig gegeneinander antreten: A – Basketball, B – Tennis-Doppel, C – Marathonlauf, D – Fußball
Lösung: B, A, D, C

Ordne diese Orte der Größe nach. Beginne bei dem kleinsten:
A – Tokio, B – Berlin, C – Wünschmichelbach, D – Paris
Lösung: C, B, D, A

Ordne diese Figuren nach der Zeit ihrer Erfindung. Beginne bei der ältesten:
A – Mickey Maus, B – Spongebob, C – Spiderman, D – Dornröschen
Lösung: D, A, C, B

Ordne diese Stoffe nach ihrem Gewicht. Beginne bei dem schwersten:
A – Eis, B – Wasser, C – Gold, D – Luft
Lösung: C, B, A, D

Ordne diese Tiere nach der Anzahl ihrer Beine. Beginne mit den meisten Beinen: A – Tausendfüßler, B – Hund, C – Biene, D – Spinne
Lösung: A, D, C, B

Ordne diese Fortbewegungsmittel nach ihrer durchschnittlichen Geschwindigkeit. Beginne bei dem langsamsten:
A – Pkw, B – Passagierflugzeug, C – Fahrrad, D – Formel-1-Wagen
Lösung: C, A, D, B

Mögliche Fragen bis zur Million: (richtige Antwort unterstrichen)

50,- €:

Der Hund von Obelix heißt
A) Rex B) Wuffi C) Hotdog D) <u>Idefix</u>

Ein Pudel ist eine
A) Katzenart B) Vogelart C) <u>Hunderasse</u> D) Fischart

Die Schulnote 4 steht für
A) befriedigend B) <u>ausreichend</u> C) mangelhaft D) ungenügend

Spongebob ist ein
A) <u>Schwamm</u> B) Baumeister C) Fisch D) Schlitten

100,- €:

Wenn man gelb und blau mischt, erhält man
A) Rot B) <u>Grün</u> C) Braun D) Pink

Der Wolf in „Rotkäppchen" frisst
A) <u>Großmutter</u> B) Großvater C) Huhn D) eine vegetarische Lasagne

Eine Aprikose ist
A) ein Gemüse B) <u>eine Obstsorte</u> C) ein Tier D) eine ansteckende Krankheit

Ein beliebter Animationsfilm ist:
A) Telekom AG B) Fußball-AG C) <u>Monster AG</u> D) Geister-AG

200,- €:

Wie heißt ein altes Sprichwort? Wer andern eine Grube gräbt …
A) hat Pech B) fällt selbst hinein C) hat ein Gruben-Grab-Gerät
D) ist gemein

Von wem wird Hänsel im Märchen eingesperrt?
A) Polizist B) Zauberer C) Gretel D) Hexe

Wie heißt das Junge eines Hundes?
A) Welpe B) Kitz C) Fohlen D) Wauwau

Auf welchem Kontinent liegt China?
A) Asien B) Afrika C) Europa D) Australien

300,- €:

Wie heißt die Hauptstadt von Deutschland?
A) Berlin B) Bonn C) München D) Hamburg

Welche Farbe ist nicht auf der Deutschlandflagge?
A) Schwarz B) Gold C) Grün D) Rot

Welches Instrument hat keine Saiten?
A) Geige B) Cello C) Gitarre D) Flöte

Aus wie vielen Personen besteht ein Quartett?
A) 2 B) 4 C) 6 D) 8

500,- €:

Welche Figur hat eine Fledermaus auf ihrem Trikot?
A) Batman B) Spiderman C) Superman D) Dracula

Wo steht der Eifelturm?
A) London B) Paris C) Madrid D) Rom

Wie viele Punkte kann man beim Basketball mit einem Wurf maximal erzielen?
A) 1 B) 2 C) 3 D) 4

Wie heißt ein deutsches Bundesland? Mecklenburg- ...
A) Oberpommern B) Unterpommern C) Vorpommern
D) Hinterpommern

1000,- €:

Bei welchem Gesellschaftsspiel kann man ins Gefängnis kommen?
A) Schach B) Scrabble C) Monopoly D) Skat

Wer ist nicht mit Harry Potter befreundet?
A) Hermine B) Draco C) Hagrid D) Ron

In welcher Stadt kämpft Batman gegen das Böse?
A) Gotham City B) Hongkong C) Paris D) Hamburg

Was ist am schnellsten?
A) elektrischer Strom B) Licht C) Rennwagen D) Rakete

2000,- €:

Bei welcher Temperatur gefriert Wasser?
A) 100 Grad B) 0 Grad C) 100 Grad D) 1000 Grad

Wie nennt man essbare Kastanien?
A) Makkaroni B) Mokkani C) Moranen D) Maronen

In welcher Himmelsrichtung geht die Sonne auf?
A) Osten B) Westen C) Süden D) Norden

Was kann keinen Strom erzeugen?
A) Windpark B) Atomkraftwerk C) Windmühle D) Kohlekraftwerk

4 000,- €:

Was hat die Prinzessin im Märchen „Froschkönig" mit dem Frosch gemacht, damit ein Prinz aus ihm wurde?
A) gefüttert B) geküsst C) gestreichelt D) an die Wand geworfen

Wer beraubte der Legende nach im Nottingham Forest die Reichen und gab davon den Armen?
A) William Wallace B) Robin Hood C) Die drei Musketiere D) König Artus

Welches Land liegt nicht auf dem afrikanischen Kontinent?
A) Südafrika B) Togo C) Kongo D) Tahiti

8 000,- €:

Wie nennt man einen Arzt, der operiert?
A) Internist B) Anästhesist C) Chirurg D) Urologe

Wie heißt die Hauptstadt der Türkei?
A) Ankara B) Istanbul C) Izmir D) Antalya

Wie heißt die Schriftstellerin, die „Pippi Langstrumpf" geschrieben hat?
A) Enid Blyton B) Astrid Lindgren C) Selma Lagerlöff D) Erich Kästner

16 000,- €:

Wie viele Einwohner hat Deutschland ungefähr?
A) 900 000 B) 80 Millionen C) 300 Millionen D) 2 Milliarden

Wofür steht die Abkürzung www im Internet?
A) wer, was, wo B) Willi wills wissen C) wieso, weshalb, warum
D) world wide web

Was ist eine Flunder?
A) Affe B) Vogel C) Katze D) Fisch

32 000,- €:

Wie nennt man die Küche auf einem Schiff?
A) Kajüte B) Kombüse C) Koje D) Reling

Was ist ein Trabbi?
A) Künstler B) Gangart von Pferden C) Instrument D) Automodell

Was bedeutet der hebräische Gruß „Schalom“ wörtlich übersetzt?
A) Friede B) Gesundheit C) Hallo D) Gott segne dich

64 000,- €:

Aus welchem Erdteil kommt ursprünglich die Kartoffel?
A) Australien B) Europa C) Südamerika D) Ostafrika

Womit bemalen sich viele muslimische Frauen bei Hochzeiten die Hände?
A) Kajalstifte B) Henna C) Wimperntusche D) Acrylfarbe

Welche Blume blüht nicht blau?
A) Butterblume B) Enzian C) Kornblume D) Vergissmeinnicht

125 000,- €:

Wie heißt der Stock beim Billard?
A) Queue B) Stick C) Clue D) String

Wofür steht die Abkürzung H_2O?
A) Salz B) Wasser C) Luft D) Schwefelsäure

Welchen Fernsehsender gibt es am längsten?
A) ZDF B) RTL C) ARD D) PRO7

500 000,- €:

Wogegen wird man bei einer Tetanusimpfung geimpft?
A) Wundstarrkrampf B) Kinderlähmung C) Hirnhautentzündung
D) Zeckenbiss

Wie darf sich ein Moslem nennen, der nach Mekka gepilgert ist?
A) Hadschi B) Padschi C) Radschi D) Kadschi

Wie wachsen Ananas?
A) an Stäuchern B) an Bäumen C) im Boden D) auf der Erde

1 000 000,- €:
In welchem Jahr wurde Deutschland nicht Fußball-Weltmeister?
A) 1954 B) 1974 C) 1990 D) 2006

Welches Stück komponierte Mozart?
A) Eine langsame Frühstücksmusik B) Eine schnelle Mittagsmusik
C) Eine große Abendmusik D) Eine kleine Nachtmusik

Was ist ein Thrombozyt?
A) chemisches Element B) tropische Pflanze C) Blutbestandteil
D) winziges Insekt

Eins, zwei oder drei?

Material: Klebeband (oder Steine, Kreide), um Felder zu markieren, Taschenlampe, Bonbons, Brotzeittüten
Dauer: ca. 30 – 60 Minuten
Teilnehmer: 5 – 50

Auf dem Boden werden 3 große Felder markiert (z.B. mit Klebeband, Kreide, Steinen) und mit den Zahlen 1, 2 und 3 gekennzeichnet. Alle Kinder stehen mit Blick auf die drei Felder. Sie stellen eine Frage mit 3 Antwortmöglichkeiten. Dafür eignen sich die bekannten Quizfragen („Wer wird Quizkönig?", ab S. 64), indem Sie eine falsche Antwortmöglichkeit weglassen.

Jedes Kind entscheidet eigenständig, welche Antwort es für richtig hält und in welches Feld es sich somit stellen möchte. Die Kinder können auch so lange zwischen den Feldern hin und her springen, bis Sie folgenden Satz (langsam) zu Ende sprechen: „Eins, zwei oder drei, letzte Chance – vorbei!"

Nun müssen alle Kinder bleiben, wo sie sind, und Sie sagen: „Ob ihr wirklich richtig steht, seht ihr, wenn das Licht angeht." Nun leuchten Sie (oder ein anderer Betreuer) mit einer Taschenlampe auf das richtige Feld. Alle Kinder, die richtig stehen, dürfen sich ein Bonbon nehmen und in ihre Tüte stecken. Diese Bonbons können zum Schluss evtl. noch als Punkte gezählt und damit der Gesamtsieger bestimmt werden.

Aktionen für draußen

Schnitzeljagd

Material: Aufgaben-, Fragenzettel, Kreide, Wolle, Papier, Stifte, evtl. Schachtel mit Süßem als Schatz
Dauer: 2 – 5 Stunden
Teilnehmer Schnitzeljagd: 8 – 25

Das Suchen und Finden eines Weges, eventuell etwas in die Irre gehen, sich dann doch wieder zurechtfinden oder eine Lösung entwickeln – all das macht Schnitzeljagden (und Stadtrallyes) für Kinder so aufregend. Gleichzeitig ist Zusammenhalt im Team gefragt, zeitweilig in Kontakt zu fremden Menschen zu treten, um nach Hilfe zu fragen und Unterstützung anzunehmen. Bei der Suche nach dem richtigen Weg wird die Wahrnehmung der Kinder für ihre Umgebung gefördert. Indem sie einige Stunden in der Gruppe auf sich allein gestellt sind, wird ihnen Verantwortung übertragen und Vertrauen in die selbstständige Lösung von Problemen vermittelt.

Die Teams entwickeln eine bessere Gruppendynamik, wenn sie von keiner erwachsenen Person begleitet werden. Konflikte können auch selbstständig gelöst werden, und es gibt niemandem, dem man sein Leid klagen kann, wenn der Weg anstrengend wird. Die Kinder wachsen in Situationen, die ihnen schwierig erscheinen, über sich hinaus und finden Lösungen, weil sie die Verantwortung für die Probleme nicht abgeben können. In aller Regel kommen die Kinder müde, aber voller Stolz und neuer Eindrücke von einer Schnitzeljagd (Stadtrallye) zurück.
Bei altersgemischten Fahrten bitten Sie verantwortungsvolle Ältere, sich um die Jüngeren der Kleingruppe zu kümmern.

Am besten lassen Sie sich die Einwilligung der Eltern, die Kinder in einer Gruppe ohne Betreuung losschicken zu dürfen, auf der Anmeldung vermerken.
Alle Kinder, denen die Schnitzeljagd (Stadtrallye) nur in Begleitung eines Erwachsenen erlaubt ist, sammeln Sie in einer Gruppe.
Die Begleitperson läuft dann ausschließlich zur Gefahrenabwehr mit und hält sich aus dem Gruppenprozess komplett heraus. Sie hilft nicht und läuft auch falsche Wege mit, ohne einzugreifen.

Es ist sinnvoll, mit der Schnitzeljagd (Stadtrallye) am Vormittag zu beginnen und den Kindern Lunchpakete für den Mittag mitzugeben.
Es lässt sich manchmal schwer einschätzen, wie lange die Kinder für die Lösung der Aufgaben und die Bewältigung des Weges benötigen. Die Kinder sollten unter keinem Zeitdruck stehen. Man kann sie, im Gegenteil, sogar ausdrücklich dazu ermuntern, unterwegs gemeinsam einen gemütlichen Rastplatz für die Mittagspause auszuwählen.

Vorbereitung:
Der Weg, den die Kinder gehen müssen, wird mit Pfeilen markiert.
Auf Gehsteigen und Asphalt bietet sich dafür Kreide an, auf Waldwegen werden die Pfeile aus Naturmaterialien, wie Stöcken, Steinen und Tannenzapfen, gelegt. Unterwegs verstecken Sie an mehreren Stellen Aufgabenzettel (für jedes Team ein eigener Zettel). Die Stellen mit den Aufgabenzetteln müssen deutlich markiert werden (z.B. durch ein besonderes Zeichen oder bunte Wollfäden), da sie von den Kindern sonst leicht übersehen werden.
Die reine Laufzeit des Weges sollte mindestens 1 Stunde betragen, besser wären 2 Stunden oder länger. Durch die Aufgaben unterwegs und zusätzliche Pausen wird den Kindern die Wegstrecke kürzer vorkommen als dem vorbereitenden Betreuer. Den Kindern wird das Wandern guttun, und die Betreuer können, während der möglicherweise einzigen „kinderfreien“ Zeit der Fahrt, etwas entspannen.

Ablauf:
Die Kinder erhalten gemeinsam eine Einführung in den Ablauf der Schnitzeljagd, wobei insbesondere auf die folgenden Regeln hingewiesen wird:

1. Das Team bleibt immer zusammen.
2. Wir wählen das Tempo so, dass alle gut mitkommen.
3. Pausen sind erlaubt und wichtig.
4. Wenn das Team laut glaubwürdiger Aussage aller Beteiligten gut zusammengearbeitet hat, gibt es Bonuspunkte.

5. Alle Kinder bleiben im öffentlichen Raum. Dazu gehören Straßen, Geschäfte, Sehenswürdigkeiten. Wir betreten Privathäuser auch dann nicht, wenn wir von jemandem dazu eingeladen werden.
6. Alle achten gut auf die Verkehrsregeln.
7. Anderen Teams wird unterwegs mit Freundlichkeit begegnet. Jedes Team geht dann möglichst wieder allein weiter.
8. Wir begegnen allen Menschen unterwegs freundlich und höflich.
9. Sollte sich ein Kind verletzen, bleibt ein anderes Kind als Begleitung dort, die anderen holen Hilfe.
10. Alle Markierungen müssen dort bleiben, wo sie vorgefunden werden, damit sich auch die nachfolgenden Gruppen nicht verlaufen. Es darf nur der eigene Zettel mitgenommen werden. Ein Team, das Markierungen verändert oder entfernt, hat sofort verloren und wird disqualifiziert.
11. Es darf, falls überhaupt nötig, nur mit öffentlichen Verkehrsmitteln gefahren werden (niemals per Anhalter o.Ä.).

Die Teams bestehen aus 4 – 5 Kindern und werden in einem Abstand von 10 – 15 Minuten auf den Weg geschickt. Nach erfolgreicher Bewältigung der Schnitzeljagd werden sie nach und nach wieder eintreffen und die ausgefüllten Bögen bei der Spielleitung abgeben.
Für die richtige Beantwortung und Aufgabenerfüllung gibt es Punkte. Das Team mit den meisten Punkten gewinnt.

Tipp:
Als Belohnung für die Bewältigung der Schnitzeljagd kann für jedes Team in der Unterkunft oder der nahen Umgebung ein „Schatz" (Schachtel oder Beutel mit Süßigkeiten, Schokoladentalern o.Ä.) versteckt werden. Diesen können die Teams dann nach der Rückkehr anhand einer von den Mitarbeitern gezeichneten Schatzkarte suchen und „heben".

Mögliche Aufgaben und Fragen:

Interviews

Ihr seid Reporter!

- Stellt unterwegs 5 verschiedenen Personen folgende Frage: „Welche 3 Sachen würden Sie auf eine einsame Insel mitnehmen?"
- Befragt ein Kind, einen Erwachsenen und eine ältere Person: „Was würden Sie tun, wenn Sie eine Million Euro gewinnen?"
- Macht eine Umfrage mit möglichst vielen Leuten: „Was würden Sie als Erstes tun, wenn Sie Bundeskanzler von Deutschland wären?"

Teamaufgaben

- Gebt euch einen Gruppennamen.
- Erfindet ein Gedicht aus 6 Zeilen über unsere Fahrt.
- Zeichnet unsere Unterkunft.
- Überlegt euch 3 gute Witze, die ihr uns später erzählen könnt.
- Schreibt eure Vor- und Nachnamen mit der linken Hand auf.
- Faltet einen Papierflieger, der möglichst weit fliegt.
- Reißt aus Papier: eine Maus, ein Haus, eine Palme und eine Giraffe.
- Dichtet ein neues Lied auf die Melodie von „Hänschen klein".
- Zeichnet euch alle selber.

Natur-Aufgaben

Bringt möglichst viele der folgenden Dinge mit:

- ein Stück Rinde
- zwei lebendige Insekten
- eine Kastanie
- eine Buchecker
- einen riesigen Tannenzapfen
- ein vierblättriges Kleeblatt
- ein Gänseblümchen
- das Ei eines glücklichen Huhns
- eine Karotte
- eine alte Kartoffel
- ein Ahornblatt
- einen schönen Stein
- eine Vogelfeder
- eine Pflanze, aus der sich Tee machen lässt
- eine Wünschelrute

Allgemeinwissen

- Nennt die Hauptstädte von: Griechenland, England, Italien und Russland.
- Wie heißen diese berühmten Personen mit Vornamen?
  Gandhi, Lindgren, Kästner, Merkel
- Was ist eine Synagoge?
- Nennt alle 12 Sternzeichen.
- Wie heißt der höchste Berg Deutschlands?
- Wie viele Tage hat ein Schaltjahr?
- In welchem Alter ist man in Deutschland volljährig?
- Nennt 8 Fernsehsender.
- Nennt möglichst viele Hunde aus Filmen.
- Nennt möglichst viele Zeichentrick- oder Animationsfilme.

Aufgaben in Ortschaften

- Lasst euch in einer Bäckerei einen Firmenstempel und eine Unterschrift geben.
- Lasst euch in einer Bank oder der Post einen Stempel des heutigen Datums geben.
- Bittet in einer Firma um eine Visitenkarte.
- Bringt einen Werbeaufkleber oder -flyer mit.
- Fragt in einer Metzgerei nach ihrer besten Wurstsorte.

Fragen zum Ort und den Sehenswürdigkeiten

- Wie heißt der Bürgermeister dieses Ortes?
- Welcher Fluss/Bach fließt durch diesen Ort?
- Zeichnet das Wappen von diesem Ort.
- Nennt 3 Stadtteile von diesem Ort.
- Wie lautet die Postleitzahl von diesem Ort?
- Wie viele Einwohner hat dieser Ort?
- Nennt eine Spezialität von diesem Ort.
- Welches Autokennzeichen haben die Autos in diesem Ort?
- Wieviel kostet der Eintritt in ...?
- Welches Gebäude sieht man, wenn man im Eingang von ... steht?
- Wie viele Stufen führen zum Eingang von ... hinauf?
- Welche Hausnummer hat ...?
- Wann wurde ... erbaut?
- Gibt es an dem Turm von ... eine Uhr und wenn ja, geht sie richtig?
- Was befindet sich im ersten Stockwerk von ...?

- Woraus besteht der Fußboden in ...?
- Wann ist sonntags die Messe in der Kirche?
- Wie viele Sitzreihen (Fenster, Türen, Leuchter ...) gibt es in der Kirche?
- Zeichnet die Vorderseite des Gebäudes.
- Gibt es in diesem Ort eine Moschee oder eine Synagoge?
  Wenn ja, in welcher Straße befinden sie sich?

Stadtrallye

Material: Frage-/Aufgabenzettel, Stifte, Stadtpläne bzw. Innenstadtpläne
Dauer: 2 – 4 Stunden
Teilnehmer: 6 – 40

Bei der Stadtrallye haben die Teams aus 3 – 5 Kindern die Aufgabe, selbstständig ihren Weg zu bestimmten Sehenswürdigkeiten bzw. markanten Punkten zu finden. Es werden ihnen keinerlei Wegzeichen vorgegeben. Markieren Sie die Stationen, die die Teams anzulaufen haben, in einem Stadtplan, den Sie ihnen aushändigen.

In welcher Reihenfolge die Teams diese Punkte aufsuchen, bleibt ihnen selbst überlassen. Um sicherzugehen, dass die Kinder auch tatsächlich dort waren, bekommen sie zu den Sehenswürdigkeiten bzw. Örtlichkeiten eine oder mehrere Fragen gestellt. Die Zettel mit diesen Fragen geben Sie ihnen von Anfang an mit auf den Weg. Zusätzlich können Sie den Teams weitere Aufgaben stellen, die sie unabhängig von festgelegten Stationen unterwegs bearbeiten müssen (z.B. Interviews führen, Gegenstände mitbringen, Fragen zur Allgemeinbildung beantworten ...).

Wenn alle Aufgaben erfüllt sind, kommen die Teams zur Unterkunft zurück und geben ihre ausgefüllten Aufgabenblätter ab. Für die richtigen Antworten werden Punkte vergeben. Das Team mit den meisten Punkten gewinnt.

Näheres zur Begleitung der Kinder und den Regeln unterwegs enthält das Spiel „Schnitzeljagd" (ab S. 72). Die dort angegebenen Informationen sind für die Stadtrallye gleichermaßen geeignet.
Dort finden Sie auch Anregungen zur Aufgaben- und Fragenstellung.

Ausflüge

Welche Ausflüge im Laufe einer Fahrt möglich sind, hängt natürlich stark von den örtlichen Gegebenheiten ab. Wie nah ist die nächste Ortschaft? Was bietet die Stadt oder das Dorf an Freizeitmöglichkeiten? Wie ist die Verkehrsanbindung? Welche Strecke können die Kinder zu Fuß zurücklegen?

Gleichgültig, wie die tatsächlichen Gegebenheiten jedoch sind, der ein oder andere kleine Ausflug ist fast immer möglich. Gerade bei Fahrten, die länger als nur ein Wochenende andauern, stellt ein Ausflug für die Kinder ein weiteres Highlight dar und bietet ihnen einen zusätzlichen Erlebnisraum. Je nach Wohnort der Kinder kann ein Besuch auf dem Bauernhof (bei Stadtkindern) oder eine Fahrt mit der U-Bahn (bei Kindern, die in ländlicher Umgebung aufwachsen) bereits für Begeisterung sorgen.

Abwechslung bringt auch schon ein Spaziergang in den nächsten Ort zum Eisessen oder die Lieblingsbeschäftigung vieler Kinder: schwimmen gehen.

Selbst wenn es sich bei dem Ausflug um eine Aktion handelt, die viele Kinder schon kennen oder bereits mit der Familie gemacht haben, wird er ihnen in dieser neuen Gruppensituation noch andere Aspekte bieten.

Sport, Spiel und Spaß
- Schwimmen, Baden am See
- Bowling, Kegeln
- Squash, Badminton
- Billard, Kicker, Dart
- Minigolf, Pit-Pat
- Sportturnier-Besuch
- Sommerrodelbahn-Besuch, Skihalle, Eislaufhalle
- Besuch von Hochseilgarten, Klettergarten, Kletterhalle
- Besuch eines Reiterhofs
- Jugendzentrums-Besuch
- Freizeitparkbesuch

Kulturelles
- Museumsbesuch
- Schloss- oder Burgbesichtigung

- Planetariumsbesuch
- Zirkusbesuch
- Kinobesuch
- Besichtigung von Sehenswürdigkeiten
- Besteigen eines Aussichtsturms
- Stadtrundfahrt
- Theaterbesuch, Konzertbesuch
- Festivalbesuch

Naturerlebnis

- Besuch eines Tierheims
- Zoo- oder Wildparkbesuch
- Höhlenerkundung
- See-, Fluss-, Bacherkundung
- Picknick im Wald, auf Feld und Wiese
- Besuch eines botanischen Gartens
- Bauernhofbesuch

Sonstiges

- Boots-, Schifffahrt
- Stadtbummel
- Zug-, U-Bahn-Fahrt
- Sessellift-, Seilbahnfahrt
- Eisessen

5 Workshops

Das Anbieten von Workshops während einer Kinderfreizeit kann darauf abzielen, es den Kindern zu ermöglichen, sich ihren aktuellen persönlichen Interessen entsprechend zu beschäftigen. Die Kinder können hier frei aus einer Reihe von so genannten Neigungsgruppen dasjenige Angebot auswählen, das sie am meisten anspricht.

Workshops können jedoch auch den Zweck verfolgen, eine Großgruppe aufzuteilen und infolgedessen auch Angebote machen zu können, die nur mit einer geringen Teilnehmeranzahl durchführbar sind.
Die Workshops werden in dem Fall zu unterschiedlichen Zeiten bzw. an verschiedenen Tagen angeboten, und die Kinder durchlaufen nach und nach die gleichen Angebote.

In jedem Fall werden mehrere Angebote parallel durchgeführt, was zur Folge hat, dass genügend Betreuer zur zeitgleichen Anleitung der verschiedenen Workshops vorhanden sein müssen. Je größer die Gesamtanzahl der Kinder, desto mehr Workshops müssen angeboten werden, um die Teilnehmeranzahl innerhalb der Workshops begrenzt halten zu können.
Workshops haben den Vorteil, dass sie den Betreuern die Gelegenheit bieten, ihre ganz persönlichen Fähigkeiten den Kindern nahezubringen. Vielleicht beherrscht ein Teammitglied eine besondere Sportart, kann jonglieren, musiziert gern, vermittelt gern Erste Hilfe, kann gut tanzen oder was auch immer. Alle Fähigkeiten und Kenntnisse sind als Workshopangebote willkommen.
Als zusätzliche Möglichkeiten werden im Folgenden einige Workshops vorgestellt, die sich auf Fahrten bewährt haben.

1 Kreativangebote für unterwegs

Bei der Auswahl geeigneter Kreativangebote als Workshops auf einer Fahrt sollten zwei Aspekte mitbedacht werden:

- Der Materialbedarf sollte sich in Grenzen halten,
- das entstandene Werk sollte entweder gut transportabel sein oder an Ort und Stelle verbleiben können.

Insbesondere, wenn die Reise mit öffentlichen Verkehrsmitteln oder ausschließlich durch Privatautos erfolgt, sollte das benötigte Material leicht und

gut zu verpacken sein. Ebenso sollte auch das gebastelte Stück reisetauglich sein. Ist es nämlich zu empfindlich, sperrig oder schwer, wissen die Kinder bei der Rückreise nicht, wohin damit.
Im Gepäck würde das Werk, falls es überhaupt noch hineinpasst, möglicherweise zerdrückt, und ein separates Tragen ist auch schwierig.

Land-Art

Material: Naturmaterialien
Dauer: 60 – 120 Minuten
Teilnehmer: 3 – 16

„Land-Art" bezeichnet das Erschaffen von Kunstwerken in und aus der Natur. Das bedeutet, die Kinder erhalten die Aufgabe, in einer Kleingruppe aus 2 – 4 Kindern gemeinsam etwas Schönes zu erschaffen, das aus Naturmaterialien besteht oder sogar in die bestehenden natürlichen Gegebenheiten eingebettet ist.

Erklären Sie den Kindern, dass dieses Werk aus der Natur entsteht und auch dort verbleiben wird. Das Wesentliche ist der Entstehungsprozess, der Umgang mit den Naturmaterialien und die Freude, die aus dem gemeinsamen Ergebnis entsteht. Dabei werden die Kinder dazu angehalten, nur so viel Lebendiges der Natur zu entnehmen, wie sie für ihr Kunstwerk wirklich benötigen. Das stärkt bei den Kindern das Verantwortungsgefühl gegenüber der Natur. Auf giftige oder unter Naturschutz stehende Pflanzen verzichten Land-Art-Künstler ebenfalls. Je nach Kreativität und Ideenreichtum der Kinder sowie vorhandener Materialien entstehen Kompositionen aus Blumen, Gräsern, Steinen, Blättern, Tannenzapfen, Holz, Wasser, Sand …
Als Umfeld für Land-Art eignen sich ein Wald, ein Bachlauf, eine ursprüngliche Wiese, ein Park, ein Strand …

Es sollte so viel Platz vorhanden sein, dass die Teams Abstand zueinander halten und ungestört arbeiten können. Nach der Fertigstellung werden die Werke von den Künstlergruppen präsentiert und evtl. von den Mitarbeitern fotografiert. Bei der Umsetzung der Land-Art können Sie den Kindern, um ihre Fantasie nicht zu begrenzen, völlig freie Hand lassen oder aber ihnen eine konkrete Aufgabe stellen.

Aufgabenbeispiele aus Naturmaterialien:

- Mandala
- Bodenbild innerhalb eines natürlichen „Bilderrahmens"
- geometrische Figur (Kreis, Quadrat, Dreieck)
- Gesicht
- Weg/Straße
- Lebewesen

Tipp:
Im Internet finden sich schöne Beispiele dieser Kunstform, z.B. unter http://commons.wikimedia.org/wiki/Category:Land_Art

Steine in australischer Kunst

Material: glatte Steine, Abtönfarbe in verschiedenen Farben, feine Pinsel, Papier, Holzstäbchen (z.B. Schaschlikspieße), Wasserbehälter, evtl. Malunterlage, evtl. Beispielbilder (z.B. aus dem Internet)
Dauer: 60 – 90 Minuten
Teilnehmer: maximal 12

Die australische Kunst ist eine Technik, bei der Bilder aus vielen einzelnen Punkten entstehen. Aus verschiedenfarbigen Punkten bilden sich Muster oder figürliche Darstellungen, und auch der Hintergrund setzt sich aus zahlreichen kleinen Tupfen zusammen. Um den Kindern einen Eindruck von der australischen Kunst zu geben, ist es sinnvoll, ihnen einige Beispielbilder oder vorgefertigte Steine zu zeigen.
Jedem Kind werden dann einige gewaschene und getrocknete Steine zur künstlerischen Gestaltung zur Verfügung gestellt. Zum Auftupfen der Abtönfarbe auf die Steine eignen sich Holzstäbchen (z.B. Schaschlikspieße) oder feine Pinsel. Die Kinder können die Technik zuerst auf Papier testen und ihre Steine anschließend damit gestalten. Nach dem Trocknen ist die Abtönfarbe wasserfest.
Feinmotorisch unbegabte Kinder, die mit dem Punktemachen Schwierigkeiten haben, können ihre Steine ohne diese Technik bemalen oder beschriften.

T-Shirt gestalten

Material: ein altes, weißes T-Shirt der Kinder, Stoffmalfarben oder Stoffmalstifte, Pinsel, Wasserbehälter, Plastiktüten, Papier, Bleistifte, Lappen, evtl. Malunterlage, evtl. Vorlagen
Dauer: 60 – 120 Minuten
Teilnehmer: maximal 10

Die Kinder überlegen sich ein Motiv zur Gestaltung ihres T-Shirts.
Das Motiv kann frei erfunden, ein gemeinsames Emblem der Fahrt, ein Schriftzug oder von einer Vorlage inspiriert sein. Bei der Verwendung flüssiger Stoffmalfarbe wird in jedes zu bemalende T-Shirt eine Plastiktüte eingelegt. So verhindern Sie, dass die Farbe beim Bemalen einer T-Shirt-Seite auf die andere Seite durchdringt und dort Flecken verursacht. Das gewählte Motiv wird (nachdem es evtl. auf Papier ausprobiert wurde) mit Bleistift auf das T-Shirt skizziert und mit der Stoffmalfarbe und den Stoffmalstiften aufgetragen. Manche Stofffarben müssen nach dem Trocknen eingebügelt oder auf eine andere Weise nachbehandelt werden, um sie waschecht zu machen.

Zeitungsworkshop

Material: weißes DIN-A4-Papier, schwarze Stifte, evtl. Schreibmaschine, evtl. PC/Laptop
Dauer: 60 – 120 Minuten
Teilnehmer: 2 – 10

Das Ziel des Angebots ist die gemeinschaftliche Erstellung einer Zeitung rund um die Fahrt.

Allein, zu zweit oder in Kleingruppen verfassen die Kinder Artikel, zeichnen Bilder oder führen Interviews. Dem Ideenreichtum bezüglich des Inhalts der Zeitung sind keine Grenzen gesetzt. Die Texte werden handschriftlich verfasst (mit schwarzem Stift auf weißes Papier) oder, falls die Möglichkeit dazu besteht, auf einem Computer getippt.

Die entstandenen Seiten werden von den Betreuern gesammelt und gut verwahrt. Nach der Fahrt werden die Seiten kopiert und zu einer Zeitung geheftet oder gebunden. Jeder Teilnehmer erhält in Erinnerung an die Reise (z.B. beim Reise-Nachtreffen) eine Ausgabe dieser Zeitung.

Ideen für den Inhalt der Zeitung:

- Steckbrief jedes Kindes
- Interviews mit Kindern, Betreuern, Herbergsvater/-mutter
- Zeichnungen des Hauses und der Umgebung
- Comics von lustigen Situationen während der Freizeit
- Fotos von der Freizeit
- Artikel zu Ereignissen rund um die Fahrt
- Rätsel, Tests, Witze
- lustige Aussprüche, Zitate, Versprecher während der Fahrt
- Liedtexte, die „Charts" der Reise
- Sieger der verschiedenen Wettkämpfe mit Foto und Urkunde
- Gedichte, Geschichten
- Umfragen
- Rezepte der Freizeit
- Horoskop
- Werbung
- Wetterbericht der Freizeit
- Unterschriften aller Teilnehmer

Wohlfühl-Workshops

Eine Freizeit ist eine aufregende Angelegenheit, die mit sehr viel Aktivität einhergeht. Da bekommt es den Kindern gut, zwischendurch auch einmal eine Zeit der Entspannung zu erleben.
Die hier beschriebenen Workshops dienen dem Wohlbefinden, der ruhigen, intensiven Beschäftigung mit anderen Kindern und der Stärkung des Körpergefühls. Erfahrungsgemäß genießen Jungen und Mädchen diese Ausdrucksformen gleichermaßen, wenn man ihnen die Möglichkeit eröffnet und sie erst einmal „dabei" sind. (Vielleicht übernimmt sogar ein männlicher Kollege die Durchführung des ein oder anderen Angebots.)

Henna-Tattoos

Material: Hennapaste (in Tuben oder selbst angerührt), Frühstücksbeutel, Kosmetiktücher, evtl. Motiv-Vorlagen, evtl. Liegeunterlagen
Dauer: 60 – 120 Minuten
Teilnehmer: 4 – 12

Die Kinder können sich selbst mit der Hennapaste bemalen oder sich von anderen Kindern und Betreuern bemalen lassen. Besonders gut lassen sich Ornamente, Muster, Wörter und (chinesische) Zeichen auftragen. Als Anregungen für Tattoos können Vorlagen aus Büchern oder dem Internet dienen.

Auf welche Körperteile die Kinder die Henna-Tattoos malen, bleibt ihnen überlassen. Erinnern Sie sie jedoch daran, dass sie die bemalten Stellen nach dem Auftragen so lange nicht bewegen sollten, bis das Henna angetrocknet ist. Das kann je nach Außen- bzw. Raumtemperatur bis zu einer halben Stunde dauern. Auch nach dem Antrocknen kann das Henna auf der Haut bleiben, bis es von selbst abbröselt. Je länger es auf der Haut bleibt, desto länger ist das Tattoo in der Regel auch zu sehen. Wie intensiv der Rot- bzw. Braunton tatsächlich wird und wie lange das Tattoo zu sehen ist, hängt jedoch auch vom Hauttyp und der Häufigkeit des Waschens der Körperstelle ab. In der Regel ist das Tattoo nach einigen Tagen verschwunden.

Rezept für Hennapaste:

- Henna-Pulver (erhältlich z.B. in arabischen Geschäften)
- eine Tasse sehr starker Kaffee oder schwarzer Tee
- Zitronensaft
- feines Sieb
- Schüssel mit Deckel
- Löffel

Das Henna-Pulver in eine Schüssel sieben und mit so viel Zitronensaft verrühren, dass eine zähe Masse entsteht. Diese eine halbe Stunde ruhen lassen und dann so viel heißen, starken Kaffee oder Tee unterrühren, bis die Paste die Konsistenz von Zahnpasta hat.
Die Schüssel gut verschließen und mindestens 8 Stunden ruhen lassen. Vor der Verwendung die eingedickte Masse mit Zitronensaft so weit verdünnen, dass sie anwendungsbereit ist.

Die angerührte Hennapaste wird so in Frühstücksbeutel gefüllt, dass diese als Spritztüten dienen und gut in der Hand gehalten werden können. In die Spitze der Spritztüte wird ein kleines Loch geschnitten, um das Henna als feinen Strahl herausdrücken zu können.

Body-Painting

Material: Theaterschminke, Pinsel, Watte-Pads, Behälter mit warmem Wasser, Seife, evtl. Motiv-Vorlagen
Dauer: 60 – 90 Minuten
Teilnehmer: 4 – 10

Dieser Workshop sollte möglichst draußen und bei warmem Wetter stattfinden, sodass die Kinder kurze Kleidung oder Badesachen tragen können.
Die Kinder setzen oder legen sich auf die Wiese und bemalen sich selbst oder gegenseitig mit Theaterschminke. Dabei kann die Farbe je nach Wunsch der Intensität mit dem Pinsel oder mit Watte-Pads aufgetragen werden. Ob die Kinder sich für figürliche Darstellungen, Schriftzüge, Muster oder Ähnliches entscheiden oder einfach an möglichst vielen Stellen möglichst bunt werden möchten, bleibt der künstlerischen Freiheit überlassen. Theaterschminke lässt sich mit Wasser und Seife leicht wieder von der Haut entfernen.

Natürlich kann es passieren, dass bei einigen Kindern Schamgefühle auftreten. Achten Sie daher unbedingt darauf, dass sich alle Kinder wohlfühlen.
Die Teilnahme an diesem Workshop und alle Aktionen in diesem Zusammenhang sollten unbedingt freiwillig bleiben.
Die Kinder lernen aber auch bei diesem recht intimen Umgang miteinander, sich über ihr Wohlbefinden zu artikulieren.

Gesichtsmasken und Handbäder

Material: Zutaten für Masken und Handbäder, Stirnbänder oder Haarspangen, Handtücher, Schüsseln, Liegeunterlagen, evtl. Entspannungsmusik
Dauer: 30 – 60 Minuten
Teilnehmer: 4 – 12

Die Kinder rühren unter Anleitung die Zutaten für die Gesichtsmasken und Handbäder an und finden sich anschließend zu Paaren zusammen. Einem Kind werden die Haare zurückgebunden. Es wählt eine Maskenart aus und legt sich bequem hin. Das Partnerkind trägt ihm die Gesichtsmaske vorsichtig auf (Augenpartien freilassen). Während die Maske eine Weile einwirkt, kümmern sich die Partner darum, dass es ihre Kinder in der Entspannungsphase bequem haben und evtl. angenehme Musik läuft. Nach 5 – 10 Minuten wird die Maske abgewaschen, und das Kind darf seine Hände noch in einem Handbad pflegen. Anschließend werden die Aufgaben der Kinder getauscht.

Rezepte für Gesichtsmasken und Handbäder:

Jogurt-Gurken-Maske

½ Gurke klein hacken oder im Mixer zerkleinern und mit Naturjogurt verrühren.

Apfel-Zitronen-Maske

1 – 2 Apfel zu Mus reiben und mit ein paar Spritzern Zitronensaft verrühren.

Buttermilch-Öl-Handbad

250 ml Buttermilch mit 4 Esslöffeln Olivenöl vermischen.

Ätherisches Handbad

Eine Schüssel halb voll mit warmem Wasser füllen. 5 Tropfen ätherisches Öl (z.B. Jasmin, Sandelholz, Rosenholz), das mit etwas Olivenöl verdünnt wurde, hinzugeben. Alles vermischen.

© Monkey Business – Fotolia.com

6

Kurze Spiele für verschiedene Gelegenheiten

Die in diesem Kapitel beschriebenen Spiele haben eine kürzere Dauer und lassen sich größtenteils beliebig oft wiederholen. Sie greifen typische Bedürfnisse von Kindern einer Freizeit auf, z.B. zu toben und überschüssige Energie abzubauen, von der Gruppe geschätzt und akzeptiert zu werden und sich selbst darzustellen. Die Spiele lassen sich einzeln zur Beschäftigung zwischendurch einsetzen. Sie können aber auch andere Angebotsformen ergänzen oder als eigene thematische Einheit bzw. Workshopangebote genutzt werden.

1 Kennenlern-Spiele

Zipp-Zapp

Material: –
Dauer: 5 – 10 Minuten
Teilnehmer: 8 – 35

Alle Kinder sitzen im Kreis. Ein Kind darf in die Mitte. Es tritt vor einen beliebigen Mitspieler hin und sagt entweder „Zipp!" oder „Zapp!" zu der sitzenden Person. Bei „Zipp!" muss die angesprochene Person schnell den Namen des linken Sitznachbarn nennen, bei „Zapp!" den des rechten. Weiß die befragte Person den Namen nicht oder nicht schnell genug, hat sie zuerst „Äh" oder Ähnliches gesagt oder links und rechts verwechselt, so muss diese in die Mitte.
Hat das Kind richtig geantwortet, so spricht das Kind im Kreis weitere Personen an. Glaubt das fragende Kind, dass sich die Mitspieler die Namen ihrer Nachbarn schon (zu) gut eingeprägt haben, so ruft es: „Zipp-Zapp!" Nun müssen alle die Plätze tauschen, um neue Nachbarn zu bekommen.

Hitzige Heike

Material: –
Dauer: ca. 5 Minuten
Teilnehmer: 5 – 15

Alle Kinder sitzen im Kreis. Jeder überlegt sich eine Eigenschaft mit dem Anfangsbuchstaben des eigenen Vornamens, die vielleicht sogar zu ihm selbst

passt. So könnten sich beispielsweise Zusammensetzungen ergeben wie „clevere Christina", „ehrgeizige Esra" oder „kitzeliger Kevin". Ein Kind beginnt z.B. mit: „Ich bin die hitzige Heike!"
Das nächste Kind muss nun wiederholen: „Das ist die hitzige Heike ...", und weitermachen mit „... und ich bin der ...".
Für die folgenden Mitspieler wird es nun immer schwieriger, alle zuvor genannten Namen und Eigenschaften zu wiederholen.
Statt Eigenschaften können auch Speisen oder Tiere verwendet werden („Ich bin Tarek und esse gern Tomaten", „Ich heiße Svenja und mag Schlangen").

Zeitungsschlagen

Material: Zeitungen
Dauer: ca. 10 Minuten
Teilnehmer: 8 – 20

Alle Kinder sitzen im Kreis. Es wird ein Kind bestimmt, das in der Mitte steht und eine der Länge nach zusammengerollte Zeitung erhält.
Ein Betreuer nennt den Namen einer Person aus dem Kreis. Nun muss das Kind in der Mitte versuchen, der genannten Person mit der Zeitung auf die Beine zu schlagen, bevor diese wiederum einen anderen Namen sagen konnte. Kann vor dem Zuschlagen ein neuer Name genannt werden, so geht das Spiel weiter. Gelingt es der Person in der Mitte jedoch, den Genannten mit der Zeitung zu schlagen, bevor dieser einen neuen Namen sagen konnte, so muss der Abgeschlagene selbst in die Mitte. Die Person, die vorher in der Mitte war und sich nun setzen darf, nennt den nächsten Namen.

Tipp:
„Zeitungsschlagen" ist mein absolutes Lieblingsspiel und der Renner auf gemischtgeschlechtlichen Fahrten mit Kindern (im vorpubertären Alter). Es erlaubt ausdrücklich unverfängliches gegenseitiges Necken und Körperkontakt. Dass diese „Schläge" nicht wirklich wehtun, können Sie schnell testen, indem Sie sich einmal selbst mit der gerollten Zeitung kräftig auf die Oberschenkel schlagen.

Wollknäuel werfen

Material: ein Wollknäuel
Dauer: 5 – 10 Minuten
Teilnehmer: 5 – 40

Alle Kinder sitzen im Kreis. Beginnen Sie, ein Wollknäuel zu einem Kind zu werfen. Dabei nennen Sie dessen Namen. Wissen Sie den Namen nicht, so können Sie ebenso das Knäuel werfen und dabei nach dem Namen fragen. Wichtig ist, dass das Ende der Wolle beim Wurf festgehalten wird. Der Fänger des Wollknäuels zieht die Schnur zu sich straff und hält sie fest. Dieses Kind wirft das Knäuel zu einem weiteren Mitspieler, von dem es den Namen weiß oder wissen will. So spannt sich im Laufe des Spiels ein Netz, das alle im Kreis miteinander verbindet.
Werden mehrere Durchgänge gespielt, wird das Netz immer dichter.
In weiteren Durchgängen können auch Hobbys, Alter, Wohnort erfragt oder genannt werden.

Steckbriefraten

Material: kopierte Steckbriefe, Stifte, Papier für Lose, evtl. Klebeband
Dauer: ca. 10 – 20 Minuten
Teilnehmer: 6 – 40

Durch Losen werden Paare aus den Kindern und Betreuern gebildet.
Die Paare können sich beispielsweise durch zwei zusammenpassende Puzzleteile, gleiche Tiergeräusche oder gleiche Zahlen finden. Jeder erhält einen kopierten Steckbrief, der aus verschiedenen Fragen besteht. Diesen Steckbrief füllen nun die zwei Partner gegenseitig aus. Die ausgefüllten Steckbriefe werden eingesammelt und gemischt.

Ziehen Sie einen Zettel, und nennen Sie langsam nach und nach verschiedene Antworten des Steckbriefes. Dabei lesen Sie zuerst die Antworten vor, die auf viele Kinder zutreffen könnten.
Alle Kinder dürfen gleichzeitig raten, um wen es sich dabei handeln könnte. Wer einen falschen Tipp abgibt, darf bei diesem Steckbrief keine weiteren Tipps mehr abgeben. Wer die richtige Person nennt, gewinnt eine kleine Aufmerksamkeit. Die Steckbriefe können anschließend aufgehängt werden.

Diese Daten sollte der Steckbrief enthalten:
Name, Alter, Größe, Augenfarbe, Haarfarbe, Schuhgröße, Lieblingsfarbe, Haustier, Lieblingsband, Lieblingskleidung, Lieblingsschulfach, Sternzeichen, Wohnort, Hobbys

Kennenlern-Interview

Material: Lose zur Pärchenbildung
Dauer: ca. 10 – 20 Minuten
Teilnehmer: 6 – 40

Es werden jeweils 2 Personen ausgelost, die ein Paar bilden. Diese Pärchen bekommen nun die Aufgabe, sich ca. 5 Minuten gegenseitig zu interviewen. Die Fragen können sich z.B. auf Hobbys, Schule, Familie etc. beziehen. Anschließend stellt jeder Reporter seinen Interviewpartner dem gesamten Kreis vor:
„Das ist Paul, er ist 12 Jahre alt ...“

Schuhgröße & Co

Material: –
Dauer: 5 – 10 Minuten
Teilnehmer: 5 – 50

Nennen Sie ein Kriterium, nach dem sich die Mitspieler aufstellen müssen. Sagen Sie z.B.: „Schuhgröße“, so müssen sich alle möglichst schnell zu Gruppen mit der gleichen Schuhgröße zusammenfinden. Haben sich alle richtig sortiert, nennen Sie das nächste Merkmal.
Die Anweisung kann dabei entweder lauten, Kleingruppen zu bilden oder sich der Reihe nach aufzustellen, wie das beispielsweise bei der Körpergröße gut möglich wäre.

Mögliche Kriterien:
Sternzeichen, Geburtstag, Augenfarbe, Wochentag der Geburt, Geschwisteranzahl, Schulklasse, Alter, Wohnort, Anfangsbuchstabe des Vornamens, Instrument, Geburtsort, Haustieranzahl

Zur eigenen Meinung stehen

Material: –
Dauer: ca. 5 Minuten
Teilnehmer: 5 – 50

Alle sitzen im Kreis. Stehen Sie auf, und machen Sie eine Aussage, die auf Sie zutrifft, z.B.: „Ich gehe gerne schwimmen." Alle Kinder, die ebenfalls gerne schwimmen gehen, stehen ebenfalls auf. Dann setzen sich alle wieder hin, und Sie machen noch 1–2 weitere Beispiele. Anschließend dürfen alle Kinder nach und nach aufstehen, ihre Meinung kundtun und erfahren, ob es auch andere in der Runde gibt, die dieser Meinung sind. Es ist auch möglich, sich nur halb zu erheben, wenn man weder richtig zustimmen noch richtig ablehnen möchte. Sollte ein Kind eine Aussage machen, zu der kein anderer aufsteht, kann der Leiter bemerken, wie mutig es ist, trotzdem zur eigenen Meinung zu stehen.

Beispiele:
„Ich mag Tiere", „Ich bin noch müde", „Ich habe mich auf die Fahrt gefreut", „Ich hasse Spinnen", „Das Mittagessen hat heute nicht geschmeckt", „Ich bin verliebt", „Ich lese gerne", „Ich spiele gerne Rollenspiele".

2 Lebhafte Spiele für draußen

Rasante Jagd

Material: –
Dauer: 5 – 10 Minuten
Teilnehmer: 8 – 40

Die Kinder verteilen sich in Paaren auf dem Platz, wobei sich die Partner mit den Armen einhaken. 2 Kinder bleiben solo. Eines davon beginnt als Fänger, der andere als Gejagter. Kann der Fänger den Gejagten abschlagen, wechseln die beiden die Rollen.

Um zu entkommen, läuft der Gejagte zwischen den Paaren hindurch und um sie herum. Wenn er nicht mehr laufen möchte, kann er sich jederzeit an einer Seite eines Paares einhängen. Die Person, bei der er sich einhängt, und der ehemals Gejagte bilden dann das neue Paar und bleiben stehen. Der vorherige Partner auf der anderen Seite muss sich von seinem Partner trennen und wird nun zum Fänger. Der vorherige Fänger wird damit automatisch zum Gejagten und versucht, zu entkommen. Durch die ständig wechselnden Rollen ist dieses Spiel sehr dynamisch und erfordert hohe Konzentration bei den Kindern.

Wörter schreien

Material: –
Dauer: 5 – 10 Minuten
Teilnehmer: 12 – 40

Die Teilnehmer werden in 2 Teams geteilt. Das Team A stellt sich in der Mitte des Platzes in einer Reihe als Mauer auf. Das Team B teilt sich in 2 Hälften. Eine Hälfte stellt sich in einem Abstand von ca. 5 Metern als Linie vor das Team A und eine Hälfte als Linie hinter das mittige Team A.

Nennen Sie einer Reihe des Teams B leise ein längeres Wort.
Dieses Wort sollen sie ihren Teammitgliedern in der Reihe hinter dem gegnerischen Team A durch Zurufen mitteilen. Das gegnerische Team A in der Mitte versucht, die Übermittlung des Wortes durch lautes Schreien und Krachmachen zu verhindern. Sie geben das Kommando zum Beginn des Geschreis. Nach einigen erfolgreichen Übermittlungen tauschen die Teams die Rollen.

Kettenfangen

Material: –
Dauer: 5 – 10 Minuten
Teilnehmer: 10 – 50

Bestimmen sie einen Fänger. Alle anderen Mitspieler versuchen, zu entkommen. Schlägt der Fänger eine andere Person ab, so wird diese ebenfalls zum Fänger. Die beiden Fänger nehmen sich an der Hand und versuchen als Paar, andere Kinder zu fangen. Wird eine weitere Person abgeschlagen, bildet sich eine Dreierkette. Wird eine vierte Person gefangen, so teilt sich die Kette in 2 Paare, die separat voneinander auf die Jagd gehen. Das Spielprinzip wird so lange fortgeführt, bis alle Teilnehmer gefangen sind.

Versteinert

Material: –
Dauer: 5 – 10 Minuten
Teilnehmer: 8 – 50

Bestimmen Sie einen Fänger. Alle anderen Mitspieler versuchen, zu entkommen. Gelingt es dem Fänger, einen anderen Teilnehmer abzuschlagen, so muss dieser „versteinert" stehen bleiben. Er darf sich erst dann wieder frei bewegen, wenn er durch 2 andere Mitspieler gerettet wurde. Um ihn zu erlösen, müssen 2 Mitspieler den Versteinerten gleichzeitig links und rechts an die Hand nehmen, sodass für kurze Zeit eine Dreierkette entsteht. Das Spiel ist beendet, wenn alle versteinert sind oder der Fänger aufgibt. Bei großen Gruppen können auch 2 Fänger bestimmt werden.

Wäscheklammer-Jagd

Material: viele Wäscheklammern (2 – 3 pro Mitspieler)
Dauer: ca. 5 Minuten
Teilnehmer: 8 – 50

Jeder Mitspieler erhält 2 – 3 Wäscheklammern, die er an seinem Kleidungsoberteil befestigen muss. Nach dem Startsignal versuchen alle Kinder, möglichst viele Wäscheklammern von anderen Mitspielern zu schnappen, sofort am eigenen Oberteil zu befestigen und gleichzeitig die eigenen Wäscheklammern zu verteidigen. Nach einiger Zeit beenden Sie das Spiel. Gewonnen hat das Kind, das die meisten Klammern am Oberteil befestigt hat.

3 Spiele zur Förderung des Gruppenzusammenhalts

Um das Gruppengefühl unter den Kindern zu verbessern, empfiehlt sich der Einsatz von Kooperationsspielen, bei denen es auf gute Zusammenarbeit untereinander ankommt.
Um den Lerneffekt für die Kinder zu intensivieren und einen Transfer der Erfahrungen im Spiel auf das Verhalten im Alltag zu erreichen, ist es notwendig, in Anschluss an das jeweilige Spiel ein gemeinsames Reflexions-Gespräch zuführen. Dabei sollen die Kinder überlegen, worauf es bei dem Spiel ankam, warum dieses Spiel durchgeführt wurde und was sie daraus für ihren Alltag herausziehen können.

Gemeinschaft auf Stühlen

Material: stabile Stühle
Dauer: ca. 5 Minuten
Teilnehmer: 5 – 35

Die Kinder bilden einen Stuhlkreis. Jedes Kind stellt sich auf einen Stuhl. Die Aufgabe lautet, als Gruppe am Ende auf möglichst wenigen Stühlen zu stehen, ohne dass ein Kind herunterfällt. Nehmen Sie nach und nach einen Stuhl aus dem Kreis, was dazu führt, dass die Kinder enger zusammenrücken müssen. Entfernen Sie so lange Stühle, bis die Gruppe nicht mehr enger zusammenrücken kann oder ein Kind herunterfällt. Die Gruppe darf es dann noch einmal versuchen.

Besser noch ist es, wenn Sie, bevor es „brenzlig" wird, die Gruppe loben und betonen, wie überrascht Sie über die Anzahl der entfernten Stühle sind, und damit das Spiel beenden. Oft entwickeln die Kinder trotzdem den Ehrgeiz, in einem weiteren Durchgang gemeinsam ein noch besseres Ergebnis zu erzielen.

Reflexionspunkte:
Teamarbeit, miteinander sprechen, Berührungsängste überwinden, gemeinsame Nähe spüren, Gemeinschaftsgefühl wecken, keiner darf ausgestoßen werden

Lebendiger Knoten

Material: –
Dauer: ca. 5 Minuten
Teilnehmer: 6 – 10

Die Kinder stellen sich Schulter an Schulter in einen Kreis.
Alle schließen die Augen und strecken die Hände nach vorn. Nun greift jeder wahllos mit jeder Hand die Hand eines anderen Kindes und hält sie fest. Jetzt werden die Augen geöffnet. Falls irgendwo noch Hände übrig geblieben sind, fassen diese sich nachträglich an. Die Teilnehmer erhalten die Aufgabe, den entstandenen „Knoten" zu lösen, ohne die gefassten Hände loszulassen. Ein Umfassen oder Drehen der eigenen Hand in der Hand des anderen zum besseren Halt ist aber erlaubt. Wenn alle gut zusammenarbeiten, entstehen am Ende ein oder zwei Kreise aus den Teilnehmern.

Reflexionspunkte:
miteinander sprechen, vorsichtiges Miteinander, ungestümes Agieren tut anderen oder auch sich selbst weh, mit Geduld und Ruhe kommt man ans Ziel, Teamarbeit, auf gute Lösungsideen anderer Gruppenmitglieder achten

Team-Jonglage

Material: kleine Bälle (z.B. Tennisbälle)
Dauer: ca. 10 Minuten
Teilnehmer: 6 – 20

Die Teilnehmer und der Spielleiter stehen im Kreis. Werfen Sie vorsichtig einen Ball zu einem Mitspieler, sodass dieser ihn gut fangen kann. Der Fänger wirft den Ball wiederum zu einem der anderen Kinder im Kreis. Das geht so lange weiter, bis alle Kinder den Ball genau 1-mal erhalten und 1-mal geworfen haben. Wichtig ist, dass sich jeder merkt, von wem er den Ball erhalten hat und zu wem er ihn weitergeworfen hat. Diese Reihenfolge bleibt in allen weiteren Runden bestehen.
Um sicherzugehen, dass die Reihenfolge sowie das vorsichtige Werfen klappen, wird dies mehrmals geübt. Der Werfer darf den Ball erst dann werfen, wenn er sich der Aufmerksamkeit des Fängers sicher ist.

Möglicherweise muss er den Wurf durch Zuruf ankündigen. Klappt das Zusammenspiel gut, bringen Sie einen zweiten Ball ins Spiel, während der erste Ball ungefähr die Hälfte der Mitspieler „durchlaufen" hat. Bringen Sie nach eigener Einschätzung (und nach dem Wunsch der Kinder) nach und nach immer noch mehr Bälle ins Spiel. Bälle, die aus dem Kreis fliegen, werden schnell geholt und wieder mit ins Spiel gebracht. Als zusätzliche Herausforderung können Sie noch einen weiteren Ball nach links oder rechts geben, der (während die anderen Bälle kreuz und quer fliegen) immer zum Nebenstehenden weitergegeben werden muss.

Reflexionspunkte:
Teamarbeit, auf sein Gegenüber achten, sich absprechen, freundlich bleiben, auch wenn es stressig wird, Gemeinschaftsgefühl wecken, Fehler können jedem passieren, ein vorsichtiger Umgang miteinander führt zum Ziel

Lebendes Pendel

Material: –
Dauer: ca. 2 Minuten
Teilnehmer: 7 – 9 (je Durchgang)

Ein freiwilliges Kind stellt sich im Raum auf. Die anderen Teilnehmer bilden einen engen Kreis um das Kind. Die Umstehenden haben die Aufgabe, es vorsichtig wie ein Pendel von einer Seite zur anderen zu kippen. Wichtig ist, dass immer mehrere Außenstehende gemeinsam das Kind stützen und auf der anderen Seite viele Hände beim Auffangen helfen. Das „Pendel"-Kind versucht, möglichst starr zu bleiben und keine Ausfallschritte zu machen.

Reflexionspunkte:
Vertrauen, Ängste, gegenseitige Unterstützung, Gruppe kann für Einzelnen gut sorgen, Perspektivenwechsel, Verantwortung für andere übernehmen

Tipp:
Alle Spiele ohne Wettkampfcharakter, bei denen es nur um das begeisterte Miteinander geht und es keine Sieger oder Verlierer gibt, sind ebenfalls geeignet, um das Gruppengefühl zu festigen (s. Kennenlern-Spiele, ab S. 92, Theaterspiele, ab S. 104).

4 Kimspiele

Namensgebend für diese Spiele ist der jugendliche Kim, den der Autor Rudyard Kipling im Indien der Kolonialzeit zahlreiche Abenteuer erleben lässt. Durch seine außergewöhnliche Begabung, Dinge wahrzunehmen und sich zu merken, erlangt er Ansehen und kann der ursprünglichen Armut entfliehen. Kimspiele sind traditionelle Pfadfinderspiele. Sie fördern die Wahrnehmungsfähigkeit der Kinder, lassen sie ihre einzelnen Sinne bewusst erleben und deren Zusammenspiel erproben. Sie sensibilisieren für Details im Umfeld und schaffen ein Bewusstsein für den eigenen Körper.

Schmeck-Kim

Material: verschiedene Speisen oder Getränke, Löffel, Teller, Gläser, evtl. Augenbinden
Dauer: 10 – 15 Minuten
Teilnehmer: 3 – 15

Die Kinder versuchen, mit geschlossenen oder verbundenen Augen verschiedene Speisen oder Getränke am Geschmack zu erkennen.
Regen Sie die Kinder dazu an, den Geschmack zu beschreiben und darauf zu achten, wie sich das Esserlebnis durch das Ausschalten des Sehsinns verändert. Sie können entweder ganz unterschiedliche Nahrungsmittel zum Kosten anbieten oder einen Teilbereich auswählen (z.B. nur Obst, nur Gemüse, nur Säfte).
Es ist sinnvoll, die Kinder vor Beginn des Spieles zu fragen, ob sie auf bestimmte Nahrungsmittel allergisch reagieren.

Riech-Kim

Material: verschiedene Gewürze oder Nahrungsmittel, Schälchen, evtl. Augenbinden
Dauer: ca. 10 Minuten
Teilnehmer: 3 – 15

Die Kinder versuchen, mit geschlossenen oder verbundenen Augen verschiedene Gewürze oder andere Nahrungsmittel am Geruch zu erkennen.

Falls das Benennen zu schwer fällt, können die Kinder auch nur angeben, ob ihnen der Geruch bekannt vorkommt und ob sie ihn angenehm oder unangenehm finden.

Beispiele:
Zimt, Nelken, Oregano, Pfefferminz, Rosmarin, Thymian, Kaffee, Essig, Senf, Kakao, Ketschup, Marmelade, Nugatcreme, Zitrone, Chips, Schokolade, Käse

Hör-Kim

Material: evtl. Augenbinden
Dauer: ca. 5 Minuten
Teilnehmer: 3 – 35

Die Teilnehmer haben verbundene oder geschlossene Augen. Suchen Sie sich leise einen Platz in einiger Entfernung der Kinder. Dann sprechen Sie ein oder wenige Worte oder erzeugen ein Geräusch.
Die Kinder versuchen, möglichst genau auf Ihren Standort zu zeigen. Anschließend öffnen sie die Augen und kontrollieren selbst, inwieweit ihr Finger in die richtige Richtung zeigt.

Seh-Kim

Material: Zeitschriften, evtl. Zettel und Stifte
Dauer: 5 – 15 Minuten
Teilnehmer: 3 – 35

Breiten Sie vor den Kindern mehrere Zeitschriftenseiten mit Bildern aus.
Die Kinder erhalten nun ca. 2 Minuten Zeit, um sich die Seiten genau anzusehen und einzuprägen. Dann werden die Seiten verdeckt, und Sie stellen verschiedene Fragen zu den Bildern: „Welche Farbe hatte das Auto?“, „Was hatte die Person in der Hand?“, „Wie viele Kinder waren zu sehen?“. Die Beantwortung der Fragen erfolgt entweder offen in der Runde, oder jeder notiert seine Antworten und am Ende wird aufgelöst.

Fühl- und Orientierungs-Kim

Material: Augenbinden
Dauer: ca. 10 Minuten
Teilnehmer: 4 – 40

Die Kinder finden sich zu Paaren zusammen, von denen jeweils einer die Augen verbunden bekommt. Der sehende Partner führt den „Blinden" vorsichtig durch die Gegend und lässt ihn unterwegs immer wieder etwas fühlen (z.B. Wände, Gegenstände, Pflanzen). Schließlich bleibt der Führende mit seinem Partner irgendwo stehen, und der Blinde darf raten, wo er überall hingeführt wurde und wo er jetzt steht. Anschließend werden die Rollen getauscht.

5 Theaterspiele

Viele Kinder lieben es, sich vor anderen in Szene zu setzen oder in andere Rollen zu schlüpfen. Andere sind eher zurückhaltend und nicht daran gewöhnt, im Mittelpunkt zu stehen. Theaterspiele bieten die Gelegenheit zum spielerischen Ausdruck und machen Mut, sich auf eigene Weise einzubringen.

Zusammengesetzte Scharade

Material: Zettel mit zusammengesetzten Nomen
Dauer: 10 – 30 Minuten
Teilnehmer: 6 – 50

2 Freiwillige ziehen ein zusammengesetztes Nomen und einigen sich still, wer welchen Wortteil pantomimisch darstellen möchte. Dann spielen sie beide gleichzeitig das jeweilige Wort. Die anderen Gruppenmitglieder versuchen, den Begriff zu erraten. Wer ihn errät, darf sich einen Partner aussuchen und den nächsten Begriff darstellen.

Beispiele:
Frosch-König, Kinder-Garten, Wasser-Waage, Hunde-Kacke, Gold-Fisch, Hängebauch-Schwein, Braut-Kleid, Sattel-Tasche, Toten-Kopf, Brillen-Schlange, Wunder-Kerze, Liebes-Kummer, Rosen-Kranz, Wander-Ameise, Nacht-Wächter

Das Zugabteil

Material: 6 Stühle
Dauer: 10 – 20 Minuten
Teilnehmer: 8 – 35

Stellen Sie 6 Stühle so auf, dass 2 sich gegenüberstehende Reihen zu je 3 Stühlen entstehen. Die Anordnung soll einem typischen Zugabteil entsprechen. Alle Kinder sitzen zunächst auf dem Boden mit Blick auf das Zugabteil. Verdeutlichen Sie, wo sich bei der Anordnung die Tür und das Fenster befinden. Erklären Sie, dass das Zugabteil im Moment leer ist, jedoch jederzeit betreten werden kann. Jeder, der Lust hat, darf sich eine Rolle ausdenken, in die er schlüpfen möchte, um das Abteil zu betreten. Diese Persönlichkeiten werden nicht genannt. Die Kinder fangen einfach an, sie darzustellen.

Die Schauspieler können innerhalb des Abteils nach Lust und Laune miteinander in Kontakt treten, kommunizieren und jederzeit das Abteil wieder verlassen, um anderen die Möglichkeit des Spielens zu geben (oder um selbst beim nächsten Betreten eine ganz andere Rolle einzunehmen). Allen Gruppenteilnehmern steht es frei, ins Spiel einzusteigen oder dem Schauspiel nur zuzusehen.

Es gibt nur 2 Regeln: Es dürfen sich maximal 6 Kinder im Abteil befinden. Alle anderen Kinder sind Beobachter und dürfen keine Geräusche von sich geben.

Grimassen-Memory®

Material: –
Dauer: 10 – 15 Minuten
Teilnehmer: 12 – 34

Alle Kinder sitzen im Kreis. 2 Spieler entfernen sich zeitweilig. Die anderen Gruppenmitglieder bilden Paare, die 2 Memory®-Karten entsprechen. Sie überlegen sich gemeinsam eine Grimasse, die beide anschließend zeigen möchten. Achten Sie darauf, dass jede Grimasse wirklich nur 2-mal vorkommt. Hat jedes Pärchen sich auf eine Geste geeinigt, tauschen die Kinder die Plätze, sodass die gleichen Grimassen nicht mehr nebeneinandersitzen. Die zwei zuvor aus dem Kreis weggeschickten Spieler dürfen zurückkehren und mit dem „Aufdecken“ beginnen. Ein Kind fängt an und deutet erst auf einen Mitspieler im Kreis, der seine Grimasse zeigt, dann auf einen zweiten. Bei einer Übereinstimmung darf weiter „aufgedeckt" werden, bei unterschiedlichen Grimassen ist der andere Spieler an der Reihe. Gewonnen hat, wer die meisten Pärchen richtig aufdeckte.

Beispiele:
Augen aufreißen, Stirn runzeln, lange Nase machen, Nase rümpfen, Zunge rausstrecken, Kopf schütteln, nicken, grinsen, traurig gucken, überrascht gucken, still lachen, schmunzeln

Wo befindest du dich?

Material: –
Dauer: 10 – 20 Minuten
Teilnehmer: 6 – 40

Ein Kind verlässt die Gruppe. Geben Sie eine Örtlichkeit vor, die die Gruppe gemeinsam pantomimisch darstellen soll. Dafür wird keine längere Vorbereitungszeit benötigt, sondern es soll spontan agiert werden. Sprechen ist dabei natürlich verboten. Sonst wird es zu einfach. Das Kind, das die Gruppe zu Anfang verlassen hatte, kehrt zurück und hat die Aufgabe, zu erraten, wo es sich gerade befindet.

Beispiele:
Schulhof, Wartezimmer eines Arztes, Zug, Bushaltestelle, Schwimmbad, Fußballstadion, Bankschalter, Volksfest, Supermarkt, Strand, Kino, Gefängnis, Wüste, Flughafen, Krankenhaus, Kreuzfahrtschiff, Kinderkrippe, Olympische Spiele

Schaufenster-Deko

Material: –
Dauer: 10 – 20 Minuten
Teilnehmer: 6 – 40

Die Kinder bilden Teams aus 3 – 8 Mitspielern. Jedes Team hat die Aufgabe, gemeinsam eine Schaufensterdekoration zu einem bestimmten Thema möglichst anschaulich darzustellen. Weisen Sie darauf hin, dass Schaufensterpuppen und Gegenstände stumm und unbeweglich sind. Zum Absprechen und Einüben der Umsetzung ziehen sich die Teams 3 – 5 Minuten zurück. Sind alle Teams bereit, wird bestimmt, welches beginnt. Das Team muss sich aufstellen, während Sie laut und langsam bis 3 zählen. Bei 3 müssen alle Schaufensterpuppen still stehen. Die anderen Teams raten, was dargestellt wird.

Beispiele:
Hochzeit, Karneval, Berufsbekleidung, Kinderspielzeug, Schulanfang, Ballsportarten, Wintersport, Wassersport, Reisebüro, Baumarkt, Kommunion, Bademoden, Disco/Party, Alles für Mutter und Baby, Tierhandlung, Trachten, Weihnachten, Ostern

Impro-Theater: „Romea und Julius"

Material: –
Dauer: 15 – 30 Minuten
Teilnehmer: 10 – 35

Die Kinder sitzen mit Blick auf eine freie Fläche, die als Bühne ausgewiesen wird. Die Kinder oder Sie selbst verteilen die Rollen, und Sie erklären den Ablauf des Schauspiels. Ein Betreuer liest die Geschichte vor und unterbricht bei jeder Raute, um den Schauspielern die Gelegenheit zu geben, die Bühne zu betreten, die gerade gehörte Szene darzustellen und die entsprechenden Geräusche zu machen. Falls jemand seinen Einsatz verpasst, wiederholt der Vorleser den letzten Satz mit Betonung der jeweiligen Rolle.
Bei geringer Teilnehmeranzahl übernehmen die Nebendarsteller zusätzlich die Geräusche. Sind mehr Kinder als Rollen vorhanden, so werden für jedes Geräusch mehrere Personen verpflichtet.

Hauptrollen:
Prinzessin Romea, Königin Adelgunde, König Brutus, Minnesängerin Waltraud von der Vogelweide, Bäcker Vasa, Metzger Gudfried, Tierpfleger Roy

Nebenrollen:
Hund Julius, Kinderfrau Rosetta, Diener James

Geräusche:
Grillen, Frösche, Turmuhr, Harfe, Volk

Tipp:
Das „Romea und Julius"-Stück eignet sich auch gut als Showeinlage der Betreuer beim bunten Abend. Die Betreuer übernehmen die Hauptrollen, und es werden evtl. einige selbstbewusste Kinder zur spontanen Unterstützung ausgewählt. Besonders witzig wird das Schauspiel für die jungen Zuschauer, wenn sich die Mitarbeiter dadurch zum Clown machen, dass die weiblichen Rollen männlich besetzt werden und umgekehrt.

1. Akt: Im Schlossgarten
Prinzessin Romea, in der Blüte ihres 16. Lebensjahres, geht am Abend allein durch den Schlossgarten. ♦ Es wird schon dunkel. Sie setzt sich ins Gras und fängt an zu träumen. ♦ Sie fragt sich, wer wohl ihr späterer Gemahl sein wird. ♦ Während sie so dasitzt, geht langsam der Mond am Himmel auf. Die Grillen fangen an, zu zirpen, ♦ und am See quaken die Frösche ihr Abendlied. ♦ Die Turmuhr der Kapelle am Schloss schlägt 10-mal. ♦ Vom Schloss her erscheint eine Gestalt. Es ist Romeas alte Kinderfrau Rosetta. ♦ Sie ist herzensgut und geht schon leicht gebückt, da ihr das Rheuma zu schaffen macht. ♦ Die Kinderfrau tritt an Romea heran und berührt sie vorsichtig, um sie nicht zu erschrecken. ♦ Prinzessin Romea dreht sich um. Als sie ihre Kinderfrau erkennt, lächelt sie. ♦ Rosetta ermahnt die Prinzessin sanft, dass sie doch so spät nicht mehr draußen sein sollte. ♦ Dann gehen sie gemeinsam zum Schloss zurück. ♦

2. Akt: Im Schlafgemach des Königspaares
Romeas Eltern, König Brutus und Königin Adelgunde, liegen nebeneinander im Ehebett. ♦ Sie sind so spät noch wach, weil sie über ihre Tochter grübeln. Sie denken lautstark darüber nach, wie sie ihrer Tochter zu einem geeigneten Mann verhelfen können. ♦ Die Turmuhr schlägt bereits 12 Uhr. ♦ Die Frösche quaken draußen am Teich, und auch die Grillen zirpen weiter laut draußen vor dem Fenster. ♦
Der König kratzt sich nachdenklich an seiner Glatze. ♦ Die Königin steht auf und gießt sich ein Glas Wasser ein. ♦ Sie trinkt es in einem Zug aus und stellt das leere Glas neben das Bett. ♦ Sie legt sich wieder hin und grübelt weiter. ♦ Der König schläft derweil langsam ein und schnarcht laut vor sich hin. ♦ Plötzlich richtet sich die Königin Adelgunde, wie von der Tarantel gestochen, im Bett auf und schreit: „Ich habs!" ♦

Der König schreckt aus seinen süßen Träumen auf und sieht seine Frau entgeistert an. ♦ Die Königin erklärt ihrem Mann ihren Plan. Der König müsse gleich am nächsten Morgen eine Botschaft ins ganze Land aussenden, dass derjenige die Prinzessin heiraten dürfe, der ihr das originellste Geschenk mitbringe. ♦ Der König nickt froh und klopft seiner Frau anerkennend auf die Schulter. ♦ Wie gut, dass seine schöne und intelligente Frau wieder einmal die richtige Lösung gefunden hat. Er dreht sich gemütlich auf die andere Seite und schnarcht sofort danach laut weiter. ♦ Die Königin zieht sich zufrieden die Bettdecke bis zum Kinn, dann schläft auch sie ein. ♦

3. Akt: Im Salon des Schlosses
Die Königsfamilie aus König, Königin und Prinzessin sitzt am Frühstückstisch. ♦ Ihr Diener James betritt den Raum und serviert das Essen. ♦ Romeas Hund, mit dem stolzen Namen Julius Cäsar, sitzt neben Romea und jault. ♦ Ab und zu reagiert Romea auf sein Betteln und wirft ihm ein paar Brocken zu, die der Hund hastig verschlingt. ♦
Die Königin unterbreitet Romea ihre Idee mit der Bräutigam-Suche. ♦
Romea findet die Sache extrem cool und spannend und stimmt zu. ♦
Der Plan wird durch Handschlag aller Familienmitglieder besiegelt. ♦
Nach dem Frühstück befiehlt König Brutus seinem Diener James, sofort die Minnesängerin Waltraud von der Vogelweide zu holen. ♦ James sucht sie, kann sie jedoch nicht finden. ♦ Schließlich ruft er laut nach ihr. ♦ Waltraud von der Vogelweide erscheint daraufhin gähnend vor dem König. ♦ Dieser fordert die Minnesängerin auf, im ganzen Land bekannt zu geben, dass die Prinzessin den zum Manne nehmen wird, der ihr das originellste Geschenk präsentiert. ♦ Der Minnesängerin Waltraud waren sowieso allmählich die Texte für ihre Lieder ausgegangen, und so nimmt sie den Auftrag grinsend und nickend an. ♦ Die Königin schenkt ihr zum Dank für ihre Unterstützung eine neue Harfe. ♦ Waltraud freut sich so riesig, dass sie der Königsfamilie gleich eine gesangliche Kostprobe ihres Könnens gibt. ♦ Dann verabschiedet sie sich von dem Königspaar und zieht los. ♦

4. Akt: Irgendwo im Königsreich
Die Minnesängerin zieht mit ihrer Harfe, die wunderschöne Töne von sich gibt, durchs Land und singt das Lied von der schönen Prinzessin Romea und ihrer Suche nach einem Gemahl. ♦ Sie singt ausgesprochen schön, und wo sie hinkommt, jubelt ihr das Volk zu. ♦

5. Akt: Im Zimmer der Prinzessin

Die Zeit ist vergangen. Es sind viele Männer mit Geschenken gekommen. ♦ Die meisten waren so langweilig, dass die Königin sie überhaupt nicht in die engere Wahl nahm, sondern sie sofort wegschickte. ♦ Drei Männer sind übrig geblieben. Die Prinzessin soll sie nun zum ersten Mal sehen. ♦ Prinzessin Romea sitzt in ihrem Zimmer und wartet. ♦ Immer wieder springt sie nervös auf, geht auf und ab und setzt sich dann wieder. ♦ Dann tritt der Diener James auf. ♦

Er kündigt den ersten Kandidaten an, der kurz darauf eintritt. ♦ Es ist Gudfried, der Metzger. ♦ Gudfried kniet vor der Prinzessin nieder und übergibt als Geschenk eine dicke Wurst. ♦ Er erklärt, dass er diese Wurstsorte eigens für sie kreiert hat und dass sie den Namen Romeasülze trägt. ♦ Romea bedankt sich erst einmal artig per Handschlag und lässt Gudfried dann vor ihrem Zimmer warten. ♦

Als Nächstes kündigt der Diener James Herrn Vasa, den Bäcker, an. ♦ Bäcker Vasa betritt das Zimmer und verbeugt sich vor der Prinzessin. ♦ Dann bittet er die Prinzessin, aus dem Fenster zu sehen. ♦ Das macht sie und erblickt im Hof die größte Brezel, die sie in ihrem Leben je gesehen hat. ♦ Romea dankt Vasa, dem Bäcker, und lässt sich von ihm auf Hand küssen, ♦ dann verlässt der Bäcker den Raum. ♦ Als dritten Kandidaten bringt der Diener Roy, den Tierpfleger, herein. ♦

Tierpfleger Roy kniet vor der Prinzessin nieder und überreicht sein Geschenk. ♦ Er hat ihr eine dressierte Kanalratte mitgebracht, die nun vor Romea ein Tänzchen aufführt. ♦ Romea schaut eine Weile zu, dankt dem Tierpfleger Roy dann mit einem feuchten Händedruck und lässt ihn den Raum verlassen. ♦ Sie setzt sich auf einen Stuhl und denkt nach. ♦ Schließlich lässt sie von ihrem Diener alle drei Männer holen. ♦

Die drei stellen sich nebeneinander auf und blicken die Prinzessin erwartungsvoll an. ♦ Jeder versucht, sie am verliebtesten anzulächeln. ♦ Romea geht zweimal um jeden herum und betrachtet die Männer genau. ♦ Dann findet sie das Ganze ziemlich albern und bleibt stehen. ♦ Sie kann sich einfach keinen von den dreien als ihren Ehemann vorstellen und gibt allen dreien einen Korb. ♦ Um die drei Männer allerdings nicht zu sehr zu enttäuschen, macht sie Metzger Gudfried zu ihrem Hofmetzger, ♦ Bäcker Vasa darf zu jeder Festlichkeit eine Riesenbrezel ins Schloss liefern ♦ und Tierpfleger Roy wird zum Stallmeister ernannt. ♦

6. Akt: Kaminzimmer im Schloss
König Brutus und Königin Adelgunde sitzen gemeinsam vor dem Kamin. ♦ Da betritt Romea den Raum. ♦ Sie erklärt ihren Eltern, dass sie keinen der drei Männer heiraten wird. ♦ Die beiden schauen ihre Tochter etwas belämmert an. ♦ Nachdem kein lautstarker Widerspruch der Eltern erfolgt, bittet Romea sie, in die weite Welt hinausziehen zu dürfen, um ihren Traummann auf diese Weise zu finden. ♦ Das Königspaar will im Grunde nur das Beste für die Tochter, und beide nicken kräftig zustimmend. ♦ Der König wünscht ihr Glück und gibt ihr als Einstieg in ihr neues Leben seine Kreditkarte mit. ♦ Prinzessin Romea ruft ihren Hund Julius Cäsar. ♦ Dann machen sich Romea und Julius auf den Weg, um für die Prinzessin den Mann ihres Herzens zu finden. ♦
Das Volk jubelt laut, ♦ als die Prinzessin mit ihrem Hund, kräftig winkend, das Schloss verlässt. ♦
Und wenn sie ihren Traumprinzen nicht gefunden hat – und sie nicht gestorben ist –, dann sucht sie ihn noch heute!

Tanzspiele

Die Reise nach Jerusalem auf Bierdeckeln

Material: Bierdeckel
Dauer: 5 – 10 Minuten
Teilnehmer: 5 – 50

Legen Sie Bierdeckel auf der „Tanzfläche" aus. Bei der „Reise nach Jerusalem" brauchen Sie natürlich immer einen Bierdeckel weniger als teilnehmende Kinder. Die Musik beginnt, und alle tanzen durch den Raum. Plötzlich wird die Musik abgestellt, und alle Kinder versuchen, sich schnell auf einen Bierdeckel zu stellen. Wer leer ausgeht, scheidet aus und darf bei der nächsten Runde die Bedienung der Musikanlage übernehmen. Das Spiel wird so lange fortgesetzt, bis nur noch 3 Tänzer übrig bleiben. Bei sehr großer Teilnehmeranzahl können Sie auch pro Runde 2 – 3 Bierdeckel entfernen.

Black or white?

Material: schwarzes und weißes Papier, beliebiges Gefäß
Dauer: 5 – 10 Minuten
Teilnehmer: 6 – 50

Füllen Sie gleich viele schwarze und weiße Zettel in ein Gefäß.
Legen Sie ein weißes und ein schwarzes Papier in jeweils eine Ecke der Tanzfläche. Alle Kinder tanzen zur Musik. Schalten Sie irgendwann die Musik aus und rufen: „Black or white?" Jedes Kind muss sich nun entscheiden, zu welcher Farbe es sich stellt. Haben sich alle entschieden, ziehen Sie aus einem Gefäß einen Zettel heraus und halten ihn hoch. Die Kinder, die sich für die falsche Farbe entschieden haben, scheiden aus. Schalten Sie die Musik wieder ein. Das Spiel geht so lange weiter, bis feststeht, welcher Teilnehmer immer die richtige Farbwahl getroffen hat und somit als Gewinner übrig bleibt.

Zeitungstanz

Material: Zeitungen
Dauer: 5 – 10 Minuten
Teilnehmer: 8 – 40

Die Kinder finden sich zu Paaren zusammen. Jedes Paar erhält eine ungefaltete Zeitungsseite. Alle tanzen zur Musik. Sobald die Musik plötzlich abgestellt wird, müssen die Paare ihre Zeitung einmal zusammenfalten und sich beide daraufstellen. Das Paar, das als Letztes auf seiner Zeitung steht, scheidet aus. Die anderen Paare nehmen nun die einmal zusammengefaltete Zeitung in die Hand, und der Tanz geht weiter. Beim nächsten Musikstopp muss die Zeitung ein weiteres Mal gefaltet werden. Wieder stellen sich beide darauf. Das langsamste Paar scheidet wieder aus. Das Spiel geht so lange weiter, bis entweder die Zeitung nicht mehr weiter gefaltet werden kann oder das Siegerpaar feststeht.

Luftballontanz

Material: Luftballons, Schnur
Dauer: 5 – 10 Minuten
Teilnehmer: 5 – 50

Jeder Mitspieler bindet sich einen aufgeblasenen Luftballon mit einer Schnur so an ein Bein, dass der Ballon den Boden berührt. Alle Luftballons sollten ungefähr die gleiche Größe haben. Bei Musikbeginn versucht nun jeder Spieler, die Luftballons der anderen Kinder zu zertreten, ohne dass der eigene kaputtgeht oder abgerissen wird.
Die Kinder, deren Ballons zertreten oder abgerissen wurden, müssen sofort die Tanzfläche verlassen und dürfen anderen Mitspielern nicht mehr schaden. Gewonnen hat, wer als Letzter noch einen intakten Ballon am Bein hat.

Wenn nur noch wenige Mitspieler im Rennen sind, kann es sinnvoll sein, die Spielfläche zu verkleinern.

Molekülspiel

Material: –
Dauer: 5 Minuten
Teilnehmer: 8 – 50

Alle tanzen zur Musik. Stellen Sie die Musik leiser und rufen eine Zahl, die größer als 1 ist. Die Tänzer (Atome) müssen sich schnell zu Gruppen (Molekülen) zusammenfinden, die der gerufenen Anzahl entsprechen. Die Zugehörigen einer Gruppe fassen sich an den Händen und bilden einen Kreis. Die überzähligen „Atome" scheiden aus, und die nächste Runde beginnt. Die 3 – 4 „Atome", die am längsten durchhalten, gewinnen das Spiel.

7

Abendangebote: „Wenns dunkel wird …“

Der Abend ist für Kinder auf Freizeiten immer eine ganz besondere Zeit. Je jünger sie sind, und je behüteter die Kinder aufwachsen, desto kürzer dürfen sie in der Regel zu Hause aufbleiben. Viele Kinder müssen zu Hause, insbesondere während der Schulzeit, bald nach dem Abendessen ins Bett. Auf der Kinderfreizeit dagegen sind die Eltern, die die Abendstunden als „kinderfreie" Zeit einfordern, nicht dabei.
Es wäre deshalb realitätsfern, wenn das Leitungsteam erwarten würde, alle Kinder gingen bereitwillig frühzeitig schlafen und blieben dann auch noch brav in ihren Zimmern oder Zelten. Warum also nicht gleich spannende Abendangebote einplanen und durchführen?
Gerade Aktivitäten, die im Dunkeln stattgefunden haben, bleiben den Kindern erfahrungsgemäß besonders lange und positiv in Erinnerung, denn Kinder lieben es einfach, sich zu gruseln. Und auch die obligatorische Disco – das muss jeder ehrlich zugeben – ist abends nun wirklich cooler als tagsüber …

1 Der Gruselpfad

Material: Absperrband oder Toilettenpapier, Iso-Matten, je nach Bedarf: schwarzes und weißes Tonpapier, Stifte, dunkle und helle Wolle, Messer/Beil, Ketschup, Grablichter, Ketten, Holzpflöcke, Paketband, batteriebetriebenes Musikgerät, gruselige Musik oder Geräusche auf CD, Wasserpistole, Wasserbomben, Alufolie, ausgestopfte Kleidung, Theaterschminke, verschiedene Verkleidungen
Dauer: 60 – 150 Minuten
Teilnehmer: 5 – 35

Der Gruselpfad ist ein absolutes Highlight jeder Gruppenfahrt, denn er ermöglicht den Kindern ein Dunkel-Erlebnis der besonderen Art. Die Mädchen und Jungen spüren ihre Angst, obwohl sie wissen, dass diese eigentlich unbegründet ist, und entscheiden selbst darüber, ob sie sie überwinden möchten. Sie erfahren so sehr direkt das Zusammenspiel von: „Der Bauch sagt …" und „Der Kopf sagt …".
Die Kinder werden beobachten, dass diejenigen mit der „größten Klappe" nicht gleichzeitig die mutigsten sein müssen. Sie erleben vielleicht, dass eher ruhige Mädchen als Erste den Schritt in die Dunkelheit wagen. Sie lernen, dass auch Jungen Ängste haben und diese äußern dürfen. Jedes einzelne

Kind erlebt hautnah seine eigenen Gefühle und trifft die Entscheidung, wie es mit ihnen umgeht. Zudem vergleicht sich jeder Einzelne mit den anderen Teilnehmern und erkennt eigene Fähigkeiten und Grenzen.
Der Gruselpfad bedarf einer gewissen Vorbereitungszeit. Diese wird durch die Begeisterung und Erfahrungen der Kinder im Nachhinein jedoch mehr als aufgewogen.

Vorbereitung:
Markieren Sie in einem Waldstück tagsüber mit einem Absperrband oder mit Toilettenpapier einen Pfad. Die Länge des Pfades sollte einer Gehzeit von ca. 5 – 10 Minuten entsprechen. Bei der Markierung ist darauf zu achten, dass das Band so um die Bäume/Äste/Büsche gewickelt wird, dass die Kinder immer an der gleichen Seite entlanggehen können. Die Höhe und Breite des Pfads durch den Wald sollte so gewählt sein, dass zwei Personen aufrecht nebeneinandergehen können. Entfernen Sie kleinere Zweige auf Augenhöhe so weit wie möglich. Bei der Ausgestaltung des Gruselpfades können die Mitarbeiter ihrer Kreativität freien Lauf lassen. Hier einige Vorschläge:

- Plakat mit der Aufschrift: „Willkommen im Wald des Schreckens“ am Pfadanfang aufstellen
- Betreuer verkleiden und schminken sich als Gespenst, Monster, „weiße Frau“ etc. um die Kinder unterwegs zu erschrecken
- Beil oder Messer mit Ketschup als Blut in einen Baum rammen, (selbstgebasteltes) Skelett aufhängen
- Totenköpfe aus weißem Papier aufhängen
- einen dunklen Faden in ca. 2 Meter Höhe über den Weg spannen und daran mit Wasser befeuchtete, dunkle Wollfäden herunterhängen lassen, die den Kindern durchs Gesicht streichen
- Holzkreuze binden und als Friedhof aufstellen (evtl. rote Grablichter dazustellen)
- Fledermäuse aus Pappe basteln und aufhängen
- ein großes Spinnennetz aus weißer Wolle spannen und eine schwarze Papierspinne hineinsetzen
- batteriebetriebenes Musikgerät im Wald verstecken, das gruselige Laute abspielt (Heulen, Lachen, Schreien)
- aus einem Versteck mit einer Wasserpistole spritzen oder aus der Dunkelheit Wasserbomben werfen
- ein Betreuer rasselt mit Ketten, stöhnt gruselig oder zertritt Äste
- Windspiel aus Alufolie aufhängen
- Kleidung ausstopfen und als Mensch ohne Kopf darstellen

Ablauf:
Bringen Sie die Kinder frühestens bei Dämmerung in die Nähe des Gruselpfads. Dabei ist es nur den Betreuern gestattet, eine Taschenlampe bei sich zu haben. Auf einer Wiese oder Lichtung nahe dem Gruselpfad erzählen Sie den Kindern eine Gruselgeschichte, um die Atmosphäre besonders aufregend zu gestalten und eventuell die Zeit bis zur völligen Dunkelheit zu überbrücken. Es ist sinnvoll, einige Iso-Matten mitzubringen, auf die sich die Kinder beim Zuhören eng beieinandersetzen können.
Ein zweiter Betreuer begibt sich währenddessen zum Ende des Pfads.
Die anderen Mitarbeiter verstecken sich unbemerkt (eventuell verkleidet) zum Erschrecken der Kinder im Wald.

Nach dem Ende der Geschichte kann jedes Kind für sich entscheiden, ob es alleine oder mit einem anderen Kind gemeinsam den Gruselpfad wagen möchte. Aufgrund der Wegbeschaffenheit im Wald und dem Gruselaspekt sollten Sie darauf bestehen, dass maximal 2 Kinder zusammen gehen dürfen. Legen Sie die Reihenfolge fest, in der die Kinder starten. Während alle anderen Kinder sitzen bleiben, wird das erste mutige Kind oder Paar von einem Betreuer zum Start der Pfadmarkierung gebracht. Dort bekommt es erklärt, dass die Aufgabe darin besteht, sich entlang dem Band durch den Parcours zu bewegen. Die Kinder sollten das Band möglichst nicht berühren, damit es nicht versehentlich zerreißt. Die Kinder erfahren, dass am Ende des Pfads ein Betreuer wartet. Gestartet wird, sobald sich die Augen so weit an die Dunkelheit gewöhnt haben, dass die Markierung zu erkennen ist. Damit die im Wald versteckten Betreuer wissen, dass nun die ersten Kinder unterwegs sind, pfeifen Sie kurz, wenn Sie die Kinder losschicken.

Begleiten Sie nach und nach in ausreichendem Abstand die anderen Kinder zum Start und weisen sie in den Ablauf ein.
Der Betreuer am Ende des Pfads hat die Aufgabe, die Kinder in Empfang zu nehmen und dort ruhig zu halten, da laut lachende oder redende Kinder die Atmosphäre für die noch folgenden Kinder zerstören könnten.

Manchmal gibt es Kinder, die auf Grund großer Ängste den Pfad überhaupt nicht gehen wollen. Diese Entscheidung sollte unbedingt respektiert werden. Machen Sie deutlich, dass es auch mutig ist, „Nein!" zu sagen, wenn die Mehrheit der Gruppe etwas tut, was man selber nicht will. Diese – auf andere Weise mutigen – Kinder bleiben auf den Iso-Matten sitzen und gehen zum Abschluss mit dem Leiter gemeinsam durch den Wald. Nach dieser letzten Gruppe können alle Mitarbeiter aus ihren Verstecken kommen und gemeinsam mit den Kindern den Rückweg antreten. Bauen Sie die Markierungen und Stationen am nächsten Tag ab.

Variante:
Sie können auf freier Flur an Stelle der Wegmarkierung durch das Band in regelmäßigen Abständen rote Grableuchten aufstellen, die den Weg weisen. Wenn wenig Vorbereitungszeit vorhanden ist, finden die Kinder den Gruselpfad auch ohne zusätzliche Effekte schon spannend.
Sollte in der näheren Umgebung kein Waldstück vorhanden sein, lässt sich auch ein Wander- oder Flurbereinigungsweg als Wegstrecke nutzen.

Mutprobe: Das Gruselkabinett

Material: 7 Schachteln oder Schuhkartons, Klebeband, Tisch, dunkle Decke oder Stoff, Grab- oder Teelichter, Schälchen, Litschis (geschält oder aus der Dose), Gelatine, Gummi(bärchen)-Schlangen, Honigmelone, Handbesen, Gummihandschuh, Plastikspinne
Dauer: 30–120 Minuten (je nach Teilnehmeranzahl)
Teilnehmer: 5–35

Vorbereitung:
Füllen Sie Schachteln wie unten angegeben, beschriften Sie sie und schneiden in die Deckel der Kartons ein Eingriffsloch.
Die feuchten Inhalte werden innerhalb der Kartons in Schälchen gefüllt und die Kartondeckel mit Klebeband befestigt.

- feuchte Litschis = „Hexenaugen“
- eingeweichte Gummi(bärchen)schlangen = „Riesenwürmer“
- Inneres einer Honigmelone = „Draculagehirn“
- borstiger Besen = „Tarantel“
- aufgelöste Gelatine = „Geisterschleim“
- Plastikspinne = „Vogelspinne“
- mit kaltem Wasser gefüllter Gummihandschuh = „Totenhand“

Reihen Sie die Kartons auf einem Tisch auf, der mit einer dunklen Decke abgedeckt wurde. Der Raum wird nur durch einige Grabkerzen oder Teelichter beleuchtet.

Ablauf:
Die Kinder warten gemeinsam in einem Raum, bis sie nach und nach an der Reihe sind. Ein (evtl. verkleideter) Betreuer holt ein Kind zu sich in den Mutproben-Raum und lässt es in die verschiedenen Kartons greifen. Erfinden Sie dazu schaurige Erzählungen, woher die Inhalte stammen, oder weisen Sie auf die „Gefahr" hin, die das Kind eingeht, wenn es in einen Karton greift. Gratulieren Sie jedem Kind nach bestandener Mutprobe. Um nichts verraten zu können, müssen sich die Kinder, die die Mutprobe bereits abgelegt haben, von dem Raum entfernen und dürfen den wartenden Kindern so lange nicht begegnen, bis alle an der Reihe waren.

Variante:
Einen richtigen Schockeffekt erzielen Sie, wenn die „Totenhand" auf einmal lebendig wird und nach der Kinderhand greift. Dies ist möglich, indem sich eine Person unter dem mit Decken oder Tüchern abgedeckten und dekorierten Tisch versteckt und durch ein Loch weit vorn im Kartonboden seine Hand steckt. Der Karton, der statt des Gummihandschuhs nun eine Betreuerhand enthält, muss dann nur an der Kante des Tisches etwas überstehen (was in der Dunkelheit nicht auffällt), schon kann die „Totenhand" lebendig werden.

Achtung! Dieser richtig fiese Effekt ist nichts für sehr junge oder ängstliche Kinder. Setzen Sie ihn nur ein, wenn Sie die Gruppe gut einschätzen können.

Gruselgeschichten

Material: –
Dauer: ca. 5 Minuten
Teilnehmer: beliebig

Gruselgeschichten passen hervorragend zu Kinderfreizeiten: die neue Umgebung beim Schlafen, unbekannte Schatten im Zimmer, das Knacken vor dem Zelt, die Eltern sind nicht in Reichweite …
Viele der jungen Teilnehmer werden sich ohnehin vor dem Schlafen untereinander schaurige Geschichten erzählen.
Trotzdem werden sie mit Begeisterung neue hören wollen.

Besonders gut wirken Gruselgeschichten, wenn sie im Licht einer flackernden Kerze oder im Mondlicht erzählt werden. Bei großen Gruppen wird die Atmosphäre intensiver, wenn die Kinder nicht in einem großen Kreis sitzen, sondern eng beieinander (z.B. auf Matten). Die Kinder werden trotz der berechtigten Aufregung relativ schnell ruhig, wenn Sie ihnen sagen, dass erst angefangen wird, wenn absolute Stille eingekehrt ist.

Nun liegt es nur noch an Ihrem Geschick, die Geschichte durch den Klang Ihrer Stimme möglichst wirkungsvoll zu gestalten.

Die blutige Hand

Silke saß nach der Arbeit noch alleine zu Hause in ihrer Wohnung. Sie hatte heute Abend eigentlich mit ihrer besten Freundin essen gehen wollen, aber vorhin war überraschend ein Anruf von ihr gekommen, dass sie sich erkältet habe und nun besser zu Hause bleibe. Silke überlegte gerade, wie sie jetzt ihren Abend verbringen sollte, als das Telefon klingelte. Sie dachte, ihre Freundin wolle ihr noch etwas erzählen, und griff erwartungsvoll zum Telefon. Doch es war nicht ihre Freundin. Sie hörte eine völlig fremde, dunkle Stimme. Die Stimme sagte: „Ich bin der Mann mit der blutigen Hand, um Mitternacht, in drei Stunden, komme ich!" Silke wollte nach dem Namen fragen und was der Anruf sollte, aber der Anrufer hatte schon aufgelegt. Silke dachte, dass sich wohl irgendjemand einen schlechten Scherz erlaubt hatte, und setzte sich ins Wohnzimmer zum Fernsehen. Nach einiger Zeit klingelte wieder das Telefon. Sie meldete sich, und da war wieder diese tiefe Stimme: „Ich bin der Mann mit der blutigen Hand, um Mitternacht, in zwei Stunden, komme ich!" Silke blickte auf die Uhr. Es war tatsächlich genau 22 Uhr. Sie wurde etwas sauer, dass sich da jemand um diese Uhrzeit blöde Scherze überlegte. Ganz geheuer waren ihr diese Anrufe aber nicht. Während sie wieder vor dem Fernseher saß, schaute sie immer wieder verunsichert auf die Uhr. Und tatsächlich: Um 23 Uhr klingelte wieder das Telefon. Unsicher und widerwillig hob sie ab, und wieder war da diese Männerstimme. Sie klang jetzt noch bedrohlicher: „Ich bin der Mann mit der blutigen Hand, um Mitternacht, in einer Stunde, komme ich!"
Silke war inzwischen mehr als beunruhigt. *Was will dieser Mann?* Sie überlegte sich verzweifelt, was sie tun könnte. Sie wohnte in einem recht abgelegenen Haus am Dorfrand. Ihre nächsten Nachbarn waren für zwei Wochen

in den Urlaub gefahren. Außerdem wollte sie nach diesen unheimlichen Anrufen gar nicht aus dem Haus gehen. Doch während sie noch überlegte, klingelte es schon wieder. Sie wollte gar nicht hingehen. Ihr graute davor, was sie hören könnte. Doch das Telefon klingelte und klingelte. Schließlich griff sie es sich doch mit zitternder Hand, und wieder musste sie die grausigen Worte hören. Es klang jetzt böse und mordlustig: „Ich bin der Mann mit der blutigen Hand, um Mitternacht, in einer halben Stunde, komme ich!" Silke lief voller Angst in der Wohnung auf und ab. Sie dachte:
Was kann ich nur tun? Sollte sie Freunde anrufen und um Hilfe bitten?
Doch die könnten in so kurzer Zeit nicht bei ihr sein. Sie wusste sich keinen Rat und bekam langsam Panik. Die Zeit erschien ihr so schnell zu vergehen wie noch nie. *Die Polizei rufen? Die würden sie doch für verrückt erklären.* Nachdem ihr nichts Besseres einfiel, begann sie, ihre Tür zu verbarrikadieren. Erst sperrte sie sie 2-mal ab und stellte noch einen Tisch davor. Aber da klingelte wieder dieses schreckliche Telefon. Sie hatte sich fest vorgenommen, diesmal nicht darauf zu achten. Es klingelte und klingelte und hörte einfach nicht auf. Das Klingeln zehrte so an ihren Nerven, dass sie schließlich doch dranging. „Ich bin der Mann mit der blutigen Hand, um Mitternacht, in einer Viertelstunde, komme ich! Ja, ich komme zu dir, Silke Meier!!" Silke wurde schlecht und schwindelig vor Angst. Wahllos stellte sie irgendwelche Möbel vor ihre Tür. *Die Fenster,* dachte sie dann.
Vielleicht schlägt er auch ein Fenster ein … Voller Angst sah sie, wie schnell die Zeit verrann. Noch 10 Minuten bis Mitternacht, jetzt nur noch 5 Minuten. Sie bewaffnete sich mit einem Messer aus der Küche. Eine Minute vor Mitternacht! Das Telefon!
Wie unter Hypnose nahm sie den Hörer ab und vernahm die grausige Stimme: „Ich bin der Mann mit der blutigen Hand, und jetzt komme ich!!" Und kaum hatte er aufgelegt, da hörte sie auch schon langsame, schwere Schritte vor dem Haus. Die Türglocke schellte. Silke fühlte ihr Herz rasen, sie wusste nicht, was sie tun sollte. *Hereinkommen würde er sowieso.*
Und immer wieder klingelte die Hausglocke. Schließlich ging sie doch zum Eingang, nahm ihren ganzen Mut zusammen, rückte die Möbel weg und öffnete vorsichtig einen Spalt die Tür. Da stand ein fremder Mann, streckte seinen Arm nach ihr aus und sagte: „Hallo, Silke, ich bin der Mann mit der blutigen Hand – könnte ich bitte ein Pflaster haben?!"

Das Bein

Um diese Freizeit vorzubereiten, war ich vor einiger Zeit schon einmal hier und schaute mir die Gegend an. Ich traf im Dorf dabei auf einen alten Mann, den ich nach dem genauen Weg hierher fragte. Er wies mir den Weg, und ich kam mit ihm ins Gespräch. Er fragte mich, ob ich nur an der Landschaft interessiert wäre oder auch an der Geschichte dieser Gegend. Ich war neugierig geworden, und so erzählte er mir diese Geschichte, die ich euch, so gut ich kann, wiedergeben will:
Vor ungefähr 350 Jahren lebte ein Mann namens Gunthard in diesem Dorf. Er stammte aus einer armen Familie und hatte keinen eigenen Bauernhof, sondern arbeitete als Knecht auf einem großen Gutshof im Nachbarort. Eines Tages verlor er beim Holzhacken unter tragischen Umständen ein Bein. Einige Wochen später verschwand er spurlos und wurde nie wieder gesehen. Die Alten erzählen sich, dass die Geschichte sich so zutrug:
Gunthard war durch seinen Unfall am Verzweifeln. Da er bei seinem geringen Lohn kein Geld sparen konnte, wusste er nicht, wovon er seine Familie nun ernähren sollte. Hatte er doch eine Frau und 5 Kinder zu versorgen! Die Gegend war arm, und es war schon schwierig genug gewesen, überhaupt die Arbeit auf dem Gutshof zu bekommen. Mit nur einem Bein konnte er dort nicht mehr arbeiten, und woanders würde ihm auch niemand Arbeit geben. Während dieser Zeit lebte hier im Wald eine alte Frau allein in einer einfachen Holzhütte. Von der Frau erzählte man sich, dass sie schon manchem in auswegsloser Lage geholfen hatte. Gunthards Bekannte und Freunde rieten ihm, doch diese Einsiedlerin um Rat zu fragen. Also schleppte er sich eines Nachmittags auf Krücken zu ihr und schilderte ihr sein Unglück. Die Alte überlegte lange und meinte dann: „Ich weiß nur eine Möglichkeit, wie du wieder zu einem zweiten Bein kommst. Du musst, wenn das nächste Mal ein Verbrecher gehängt wird, in der darauffolgenden Nacht zum Galgen gehen, ihm ein Bein abschneiden, es dann zu Hause kochen und vor dem Schlafengehen essen. Am nächsten Morgen wird dir wieder ein zweites Bein gewachsen sein."
Gunthard war nun noch verzweifelter als zuvor, denn er konnte sich einfach nicht vorstellen, diesen entsetzlichen Rat zu befolgen. Es verging einige Zeit, und die Nahrungsvorräte der Familie gingen zur Neige. Gunthards Frau würde bald nicht mehr wissen, was sie den Kindern zu essen geben sollte. In dieser hoffnungslosen Lage rang Gunthard sich verzweifelt dazu durch, den schrecklichen Rat der alten Frau zu befolgen. Kaum eine Woche später wurde tatsächlich ein armer Dieb zum Tode verurteilt und gehängt.

Gunthard ging, wie ihm geheißen worden war, in der folgenden Nacht zum Galgen. Er sägte dem Gehängten ein Bein ab, kochte es und aß es voller Widerwillen.
Als er am nächsten Morgen erwachte, hatte er tatsächlich wieder zwei gesunde Beine. Er konnte sein Glück kaum fassen! Nun konnte er wieder arbeiten und seine Familie versorgen! Froh machte er sich sogleich auf den Weg zu seiner alten Arbeitsstelle. Nun war es aber so, dass der Galgen sich an der Straße zwischen dieser Ortschaft und dem Nachbarort befand.
Das bedeutete, dass er auf dem Weg zur Arbeit wieder an dem Gehängten, dessen Bein er abgeschnitten hatte, vorbeimusste. Gunthard graute bei dem Gedanken, aber ihm blieb keine Wahl. Als er dem Galgen näher kam, schaute er ganz fest in die andere Richtung und ging schnell vorbei. Auf dem Gutshof freute man sich, den fleißigen Knecht wiederzusehen, und Gunthard war glücklich, wieder mit aller Kraft seiner Arbeit nachgehen zu können. Als er sich auf dem Heimweg machte, begann es bereits zu dämmern. Ihm wurde wieder bange, je näher er dem Galgen kam. Einige Meter davor hörte er plötzlich eine Stimme: „Mein Bein, mein Bein!“ Gunthard lief ganz schnell am Galgen vorbei, aber die Stimme war nicht zu überhören: „Mein Bein, mein Bein!“ Er war sehr froh, als er bei seiner Familie ankam.
Am nächsten Morgen machte er sich wieder auf den Weg zur Arbeit, aber bei hellem Tag war die Strecke nicht so unheimlich, und er kam zu der Überzeugung, dass er sich die Stimme am letzten Abend nur eingebildet hatte.
Doch als er an diesem Abend nach der Arbeit im Dämmerlicht die Straße entlangging, hörte er es, kaum dass er in die Nähe des Galgens kam, wieder: „Mein Bein, mein Bein!“, und immer wieder: „Mein Bein, mein Bein.“ Voller Angst hetzte er am Gehängten vorbei nach Hause.
Am folgenden Tag gab es bei seiner Arbeitsstelle mehr zu tun als sonst, und es war schon finstere Nacht, als Gunthard endlich nach Hause gehen durfte.
Der Vollmond schien, und seine Furcht vor dem Heimweg war riesig.
Aber es blieb ihm keine Wahl, er wurde zu Hause erwartet.
Er näherte sich dem Galgen, und wie befürchtet, war da wieder diese Stimme: „Mein Bein, mein Bein!“ Er eilte an dem Gehängten vorbei und erschrak erneut, denn plötzlich waren da hinter ihm noch andere Geräusche.
Er hörte: „Mein Bein, mein Bein“, und dann: „Klick, klack.“
Er drehte sich im Laufen um und erstarrte fast vor Schreck. Das durfte doch nicht sein! Der Gehängte war vom Galgen heruntergestiegen und ging langsam hinter ihm her. An der Seite, wo ihm das Bein fehlte, war stattdessen ein Holzbein – sein Holzbein, das er zuvor getragen hatte. Und immer, wenn es auf der Straße aufkam, machte es „klick“. Wenn dann das richtige

Bein aufsetzte, machte es auf der Straße „klack“. Gunthard rannte schneller, doch dicht hinter sich hörte er immerwährend: „Mein Bein, mein Bein, klick, klack.“ Obwohl er noch nie in seinem Leben schneller gelaufen war, kamen die Laute näher: „Mein Bein, mein Bein, klick, klack, klick, klack.“
Er rannte immer schneller. Er sah schon die Lichter seines Dorfes, doch er spürte die Nähe des Verfolgers immer deutlicher: „Mein Bein, mein Bein, klick, klack, klick, klack, klick, klack.“ Er rannte und war schon fast bei seinem Haus, doch der andere kam näher und näher. „Mein Bein, mein Bein, klick, klack, klick, klack, klick, klack, klick, klack.“ Er hörte die Stimme nun dicht an seinem Ohr, er spürte den verwesten Atem des Toten hinter sich: „Mein Bein, mein Bein! UND DU HAST ES GEFRESSEN!“

Tipp:
Der letzte Satz sollte möglichst laut und deutlich gesprochen werden. Dabei können Sie die Kinder, die neben Ihnen sitzen, zusätzlich erschrecken, indem Sie sie schnell und kräftig anfassen. Am besten setzen Sie sich dazu schon im Vorfeld neben geeignete „Kandidaten“.

Die Affenpfote

Carolin, eine gute Freundin von mir, machte letztes Jahr eine Reise durch Südamerika. In Ecuador wollte sie eine Tour durch den Dschungel machen. Dafür suchte sie in einem Dorf am Rande des Dschungels einen einheimischen Führer. Nach einigem Fragen wurde sie zu Fernando gebracht, der sich bereit erklärte, sie für einige Tage durch den Dschungel zu führen. Sie setzten sich vor seine Hütte, um Näheres zu besprechen. Carolin fiel dabei auf, dass Fernando immer wieder wütend auf die Affen blickte, die in diesem Dorf am Rande des Dschungels wild auf dem Marktplatz herumsprangen und nach Essbarem suchten. Schließlich fragte sie ihn, was diese Wut zu bedeuten hat. Er antwortete: „Ich hasse alle Affen, weil sie mich an eine schlimme Geschichte erinnern.“ Und er erzählte ihr seine Geschichte:
Pedro, Fernandos jüngerer Bruder, hatte einige Jahre großes Pech gehabt. Erst hatte er seine Arbeit verloren, dann war sein Haus abgebrannt, schließlich wurde seine Frau schwer krank. Als er wieder einmal auf dem Marktplatz nach Arbeit fragte, fiel ihm ein Händler auf, den er nicht kannte. Er wandte sich an ihn, um ihn zu fragen, ob er nicht eine Beschäftigung für

ihn hätte. Er erzählte ihm auch von seiner kranken Frau und dem fehlenden Geld für Medizin. Der Händler hörte aufmerksam zu und meinte schließlich: „Arbeit weiß ich keine, aber hier habe ich eine wundersame Affenpfote, die dir helfen kann. Wer diese Pfote besitzt, dem ist das Glück sicher. Ich werde sie dir gern verkaufen." Pedro war dankbar für jede Möglichkeit, wieder glücklich zu werden, und lieh sich von seinem Bruder Fernando das Geld, das der Händler für die Affenpfote verlangte. Pedro wollte gerade mit der erworbenen Affenpfote den Markt verlassen, als der Händler ihn nochmals aufhielt. „Wie versprochen, wird dir die Pfote viel Glück bringen, wenn du sie richtig behandelst. Aber hüte dich davor, sie jemals wegzuwerfen! Willst du sie irgendwann aus irgendeinem Grund nicht mehr besitzen, so verkaufe sie weiter, wie ich es getan habe. Denk an meine Worte!"
Pedro ging nach Hause und konnte voller Freude feststellen, dass seine Frau sich innerhalb weniger Tage von ihrer Krankheit erholte. Er fand schnell eine gute, neue Anstellung, konnte sich ein größeres Haus kaufen, und bald waren alle Sorgen vergessen. Von der Affenpfote, die er in einem alten Schrank aufbewahrte, erzählte er niemandem, aus Sorge, ausgelacht zu werden. Nach einiger Zeit dachte er selbst nicht mehr an seinen geheimnisvollen Besitz – bis zu jenem schrecklichen Tag! Seine Frau war beim Aufräumen auf die Affenpfote gestoßen und hatte sie voller Ekel aus dem Schrank genommen. *Was für ein widerliches Ding!*, dachte sie und warf sie auf den Müll hinter dem Haus. Pedro ahnte nichts davon, als er sich am Abend schlafen legte. Doch in der Nacht erwachte er von einem ungewohnten Geräusch: „Grrrr, tschsch." Seine Frau, die sonst neben ihm schlief, war nicht da. *Ob sie nach draußen auf die Toilette gegangen war?* Da hörte er das Geräusch, das ihn geweckt hatte, wieder: „Grrrrr, tschsch." *Was war das bloß?* Pedro ging ins Nebenzimmer. Da lag seine geliebte Frau am Boden – tot! *„Warum?"*, schrie er verzweifelt, sie war doch gesund gewesen. Er konnte sich ihren Tod einfach nicht erklären. Am Morgen jedoch fand er die Affenpfote auf dem Müll und erinnerte sich verstört an die Worte des Händlers. „Hüte dich davor, die Affenpfote wegzuwerfen!" Wie hätte er wissen sollen, welches grausame Geheimnis die Pfote hatte.
Pedro nahm die Pfote wieder zu sich. Auch in den nächsten Jahren hatte er mit allem, was er anfing, Erfolg. Die Leute im Dorf wunderten sich, doch er behielt sein Geheimnis für sich. Das Dorf entwickelte sich prächtig, und es kamen neue Bewohner dazu. Pedro verliebte sich neu, und nach einiger Zeit zog seine neue Freundin bei ihm ein. Er war sehr glücklich. Das erfahrene Unheil konnte er jedoch nie vergessen. Die Affenpfote hatte er nach dem Tod seiner Frau sorgfältig im Keller versteckt.

Warum seine Freundin an diesem Tag auf die Idee kam, in den Keller zu gehen, hätte sie wohl selber nicht genau sagen können. Vielleicht hatte sie es einfach gewundert, dass Pedro immer darauf bestand, den Wein selbst heraufzuholen, weil es so schmutzig im Keller sei. Irgendwie war sie dadurch wohl neugierig auf den Keller geworden, und als Pedro das Haus verlassen hatte, stieg sie hinunter. Er war wirklich sehr staubig und voller Gerümpel. Das brachte sie auf die Idee, Pedro mit einem aufgeräumten Keller zu überraschen. Sie fing sofort damit an, alle möglichen nutzlosen Dinge in einen großen Müllsack zu packen: rostige Dosen, kaputtes Geschirr, verstaubte Andenken, eine Affenpfote und anderes Gerümpel. Den vollen Abfallsack stellte sie hinter das Haus. Von der Aufräumaktion des Kellers wollte sie Pedro erst erzählen, wenn sie ganz fertig war.
Pedro ging wie jeden Abend mit seiner Freundin zu Bett. Doch was war das? Hatte er schlecht geträumt? War da nicht ein, auf so grauenvolle Weise, bekanntes Geräusch? Er schreckte hoch: „Grrrr, tschsch.“ Der Platz neben ihm im Bett war leer. „Nein!“, rief er laut und sprang auf. Auf dem Weg durchs Haus hörte er es wieder: „Grrrr, tschsch.“ Er rannte schneller – dann ein Schrei! Er war zu spät gekommen. Im Wohnzimmer lag seine Freundin – tot! Pedro musste nicht lange suchen, um die Affenpfote im Müllsack zu entdecken. Er hasste sie. Zwei geliebte, unschuldige Menschen hatte sie ihm genommen. Er wollte sie nur noch loswerden. Ganz egal, was sein Leben bringen würde, er wollte es von nun an ohne diese schwarze Magie meistern. Das Unheil, das von der Pfote ausging, war grenzenlos.
Pedro versuchte nun Tag für Tag, die Affenpfote zu verkaufen, doch niemand wollte sie haben. Alle, denen er sie anbot, schauten nur verständnislos und glaubten nicht an deren Zauberkräfte. So beschloss er, entfernte Dörfer zu bereisen und sie dort anzubieten. Er packte die Pfote zusammen mit anderen Waren in einen Korb, den er auf dem Wagen verstaute. Als er den Korb am Zielort jedoch wieder herunternehmen wollte, war er nicht mehr da. Er musste auf den holprigen Straßen unbemerkt heruntergefallen sein. Sofort fuhr er den gesamten Weg zurück, doch vom Korb fand sich keine Spur.
Beunruhigt fuhr Pedro nach Hause. In seinem Kopf überschlugen sich die Gedanken: *Ist Verlieren gleichbedeutend mit Wegwerfen? Einerseits hab ich die Affenpfote nicht verkauft. Andererseits wollte ich den Korb doch nicht absichtlich loswerden. Oder hab ich doch unbewusst gewollt, dass der Korb herunterfällt, und ich hab ihn deswegen zu locker auf dem Wagen befestigt?*
Am Abend im Bett dauerte es lange, bis er endlich Schlaf fand. Es kam ihm vor, als wäre er gerade erst eingeschlafen, als er plötzlich erwachte. Alles um

ihn war dunkel und still. Oder etwa nicht? Wovon war er dann aufgewacht? Da hörte er es: „Grrrrr, tschsch." Es schien weit entfernt. Pedro setzte sich voller Angst auf. „Grrrr, tschsch." Das Geräusch wurde lauter. Es kam näher. „Grrrr, tschsch." Immer näher. „Grrrr, tschsch". Er spürte jetzt etwas in seiner Nähe, ganz nah. „Grrrr, tschsch." Ein Lufthauch streifte sein Gesicht. Jetzt kam es auf einmal von hinten: „Grrrr, tschsch." Zerfressen von Angst drehte er sich wie in Zeitlupe um …
Am nächsten Tag fand man Pedro tot in seiner Wohnung. Es gab keine Anzeichen einer Verletzung oder Krankheit. Er war, wie seine geliebten Frauen, völlig unerklärlich in seiner Wohnung gestorben. Man beerdigte ihn neben seiner Frau und seiner späteren Freundin. Aus irgendeinem Grund tanzen seitdem von Zeit zu Zeit immer wieder Affen um das Grab herum.

4 Lagerfeuerabend

Material: Feuerstelle, Holz, Würstchen, Kartoffeln, Marshmallows, Zutaten für Stockbrot, Hortentopf, Tee, Liederbücher
Dauer: 90 – 150 Minuten
Teilnehmer: 5 – 40

Feuer fasziniert die meisten Kinder sehr. Wenn sie klein sind, werden sie davor gewarnt, und auch wenn sie größer werden, ist der Kontakt damit in der heutigen Zeit nicht mehr selbstverständlich. Gekocht und geheizt wird meist mit Strom, und auf den Christbäumen brennen kaum noch echte Kerzen. Wenn also von den äußeren Bedingungen her die Möglichkeit für ein Lagerfeuer besteht, sollten Sie diese unbedingt nutzen. Vielleicht ist es sogar möglich, das Feuerholz schon gemeinsam zu sammeln.

Ein Beschäftigungsprogramm braucht es am Lagerfeuer im Grunde nicht. Die Kinder können einzeln oder gemeinsam versuchen, das Feuer zu entfachen und am Brennen zu halten. Sie werden mit Begeisterung Stöcke hineinhalten und, wenn diese glühen, im Dunkeln damit spielen. Sie werden eng beieinandersitzen, sich unterhalten und die Gruppenatmosphäre genießen. Nebenher lässt sich gut der ein oder andere Lagerfeuer-Snack zubereiten und ein Topf Tee über dem offenen Feuer kochen. Musikalische Betreuer werden in jeder Gruppe Kinder finden, die im Feuerschein begeistert alte und neue Lieder mit ihnen singen.

Lagerfeuer-Snacks

- Kartoffeln, in Alufolie verpackt, in der Glut garen
- Bockwürste, die, auf Stöcken gespießt, von den Kindern über die Glut gehalten und erwärmt werden (Bratwürste werden schlecht gar, Wiener Würste fallen leicht von den Stöcken)
- Marshmallows grillen
- Stockbrot zubereiten und grillen

Rezept für Stockbrot

Für ca. 20 kleine Stockbrote:
- 1 kg Mehl
- 1 Teelöffel Salz
- 5 Teelöffel Backpulver
- 125 g Butter oder Margarine
- 375 ml Milch

Mehl, Backpulver, Salz und die zerkleinerte Butter zu einem krümeligen Teig vermengen. Die Milch hinzugeben und gut durchkneten.
Den Teig in ca. 20 Portionen teilen und zu langen Schnüren formen. Jeweils eine Schnur um das obere Ende eines langen Stocks winden. Den mit dem Brotteig umwickelten Stock über die Glut halten und knusprig backen, dabei immer wieder drehen.

Nachtwanderungen

Nachtwanderungen kann man unabhängig von der Örtlichkeit auf jeder Fahrt unternehmen. Besonders eindrucksvoll sind sie jedoch in der freien Natur.

Nachtwanderung mit Taschenlampen

Material: Taschenlampen
Dauer: ca. 60 – 90 Minuten
Teilnehmer: 5 – 50

Die Gruppe macht sich gemeinsam auf den Weg, den Sie im Vorfeld als geeignet ausgewählt haben. Viele Kinder werden von zu Hause eine Taschenlampe mitgebracht haben und sich freuen, wenn sie sie zum Einsatz bringen können. Spannend ist es jedoch auch, sie eine Weile auszumachen und ganz ohne Licht den weiteren Weg zu finden. Es können auch alle unterwegs einfach eine Zeit lang stehen bleiben oder sich hinsetzen und die Lampen dabei ausschalten. Dunkelheit im Freien ist für viele Kinder eine neue Erfahrung, da im eigenen Wohnumfeld eine helle Straßenbeleuchtung die Regel ist. In der Dunkelheit der Nacht können Sie die Kinder dazu anregen, ihre Sinne auf eine ungewohnte Weise zu schärfen.

Fackelwanderung

Material: Fackeln, Feuerzeug
Dauer: ca. 60 – 90 Minuten
Teilnehmer: 5 – 35

Während es kleine Kinder stolz macht, mit einer Laterne durch die Dunkelheit ziehen zu dürfen, begeistert es ältere Kinder, wenn sie eine Fackel tragen dürfen. Offenes Feuer ist vielen Kindern nur in Form von Kerzen vertraut. Dass ihnen der Umgang mit Fackeln zugetraut wird, werden sie sehr schätzen. Der Feuerschein erhellt die Umwelt in einem besonders warmen Licht und erzeugt Behaglichkeit bei der Nachtwanderung.
Um Kosten zu sparen oder um als Betreuer einer größeren Gruppe die Kinder mit den Fackeln besser im Auge behalten zu können, ist es möglich, dass sich 2 – 3 Kinder eine Fackel teilen und sie abwechselnd tragen.
Vor dem Austeilen der Fackeln ist es wichtig, die Kinder auf die Gefahr von offenem Feuer hinzuweisen. So sollten sie insbesondere dazu angehalten werden, genügend Abstand zueinander zu halten und die Fackeln von Haaren und Kleidung fernzuhalten.

Förderung der Wahrnehmung im Dunkeln

Diese offenen Fragen können Sie einsetzen, damit die Kinder einmal bewusst ihre Sinne im Dunkeln aktivieren:

- „Achtet einmal darauf, wie lange es dauert, bis sich eure Augen an die Dunkelheit gewöhnen.“

- „Wie gut könnt ihr euch gegenseitig auch ohne Licht erkennen? Wie nahe müsst ihr jemandem kommen, damit ihr wisst, wer es ist?“
- „Was hört ihr? Wodurch entstehen die Geräusche, und aus welcher Richtung kommen sie?“
- „Woher weht der Wind?“
- „Könnt ihr etwas riechen?“
- „Wer entdeckt den Großen Wagen am Himmel? Wer kennt noch andere Sternbilder?“
- „Nimmt der Mond gerade zu oder ab? Woran erkennt man das?“
- „Wer möchte in der Dunkelheit etwas singen?“
- „Lasst uns gemeinsam versuchen, im Dunkeln etwas zu singen oder zu summen.“
- „Lauscht einmal euren eigenen Schritten und denen der anderen auf dem Weg.“
- „Achtet darauf, wie sich der Boden beim Gehen anfühlt, ob er eben oder uneben ist, weich oder hart.“
- „Wie fühlt ihr euch im Dunkeln?“
- „Welche Gedanken kommen euch im Dunkeln?“
- „Könnt ihr euch vorstellen, wie Menschen ohne elektrisches Licht leben oder gelebt haben?“

6 Disco

Material: Musikanlage, CDs, Getränke, Snacks
Dauer: 90 – 150 Minuten
Teilnehmer: mindestens 12

Eine Disco oder Party veranstalten zu dürfen, ist einer der häufigsten Wünsche auf Gruppenfahrten. Dieser Wunsch ist leicht zu erfüllen, da es dafür kaum Material oder Vorbereitung bedarf. Die Kinder stellen an das Ambiente des Raumes in der Regel keine großen Ansprüche und falls doch, sind sie bei dessen Ausgestaltung recht einfallsreich. Für die Kinder ist Disco gleichbedeutend mit lauter Musik und ausgelassenem Bewegen. Den Heranwachsenden – vor allem den Mädchen – macht es darüber hinaus viel Freude, sich besonders zu stylen. Wenn dann noch Getränke und etwas zum Knabbern bereitgestellt werden, ist die kindliche Vorstellung von einer guten Party meistens schon erfüllt.

Möchten Sie als Gruppenleitung, dass möglichst alle Teilnehmer aktiv an der Disco teilnehmen, so ist es erfahrungsgemäß von Vorteil, ein paar Tanzspiele zu kennen. Oft sind auf Fahrten nämlich Kinder dabei, denen es ohne Programm schnell langweilig wird oder die ohne Hilfe durch Betreuer nur schwer in Kontakt mit Gleichaltrigen treten können. Diese Kinder neigen dazu, sich schon nach kurzer Zeit von der Disco zurückziehen zu wollen. Tanzspiele haben sich auch dann bewährt, wenn der Mut der Kinder (noch) nicht ausreicht, um sich zum Tanzen auf die Tanzfläche zu wagen. Vorschläge für Tanzspiele finden Sie ab S. 111.
Erfahrungsgemäß ist die Disco Ort und Zeit von ausbrechenden Emotionen. Einige Kinder werden hier erste „Turteleien" und andere Annäherungsversuche an das andere Geschlecht starten. Andere Kinder werden feststellen, dass sie zu schüchtern sind, um sich richtig ins „Getümmel" zu stürzen, und sich vielleicht unwohl fühlen. Haben Sie hier als Gruppenleiter ein wachsames Auge auf die Befindlichkeiten der Kinder.

Getränke-Bar

Material: Tisch, Gläser, Zutaten für Bowle, sonstige Getränke
Dauer: 10 Minuten für die Vorbereitung
Teilnehmer: 2 – 4 „Barkeeper"

Eine gute Möglichkeit, Kinder bei der Vorbereitung und Durchführung der Disco zu beteiligen, ist, eine Getränkebar einzurichten. Je nach Kreativität der Kinder kann der Tisch, der dafür genutzt wird, gestaltet werden oder auch nicht. Die jungen Barkeeper stehen hinter der Theke und reichen den anderen Kindern auf Wunsch die Getränke. Dies können eine selbstgemachte Fruchtbowle, alkoholfreie Cocktails bzw. Sekt oder andere kalte Getränke sein.
Für eine schnelle Fruchtbowle benötigen Sie nur Zitronenlimonade, Mineralwasser, Früchte aus der Dose (Ananas, Mandarinen, Pfirsiche, gemischte Früchte) und evtl. Eiswürfel.
Geben Sie einfach alle Zutaten in ein großes Gefäß mit Schöpfkelle. Durch die Menge an Limonade oder Mineralwasser, die zusätzlich hinzugefügt wird, lässt sich der Grad der Süße variieren.

Bunter Abend

Material: evtl. Urkunden, Medaillen, Preise, Essen, Getränke
Dauer: 1,5 Stunden für das Einüben der Beiträge, 2–3 Stunden für den bunten Abend
Teilnehmer: alle Kinder und Betreuer der Fahrt

Der letzte Abend einer Kinderfreizeit sollte von allen Kindern und Mitarbeitern gemeinsam ausgestaltet werden. Jeder sollte sich auf irgendeine Weise einbringen und die Gelegenheit bekommen, seine größeren oder kleineren Talente und Fähigkeiten der Gruppe darzubieten.
Für die Ausarbeitung und Vorführung der Beiträge werden Kleingruppen gebildet. Um sicherzugehen, dass jedes Kind bei wenigstens einem Beitrag beteiligt ist, müssen die „Bewohner" jedes Zimmers bzw. jedes Zeltes sich gemeinsam etwas einfallen lassen. Zusätzlich kann jedes Kind, alleine oder mit anderen Interessierten zusammen, weitere Beiträge ausarbeiten. Die Kinder werden begeistert sein (und eigentlich sollte das auch selbstverständlich sein), wenn auch die Betreuer am Abend gemeinsam einen Beitrag zum Besten geben.

Zum Ausdenken und Einüben der Beiträge benötigen die jungen Künstler sowie die Betreuer mindestens 90 Minuten Zeit. Es bietet sich an, den letzten Nachmittag dafür freizuhalten. Da sich die Kinder inzwischen schon gut kennen, macht es auch nichts, wenn einige Teilnehmer mit dem Einstudieren schneller fertig sind. Sie werden sich dann gerne untereinander beschäftigen. Eine Gruppe von Freiwilligen kann sich zudem um die Rahmenbedingungen wie Raumgestaltung, Essen und Moderation kümmern.
Sie sollten sich vorab überlegen, ob Sie den Kindern bei der Art der Darbietungen völlig freie Hand lassen wollen oder ob den Kleingruppen Vorgaben gemacht werden. Das heißt, es ist möglich, zu sagen: „Lasst euch für heute Abend gemeinsam irgendetwas einfallen, das ihr vorführen wollt", oder Sie können den Kleingruppen verschiedene Aufgaben vorgeben, aus denen sie sich entweder eine aussuchen dürfen oder die durch Verlosung verteilt werden.

Vorschläge für Darbietungen am bunten Abend

- Sketsche oder gespielte Witze
- eigene Gedichte
- Imitation von Fernsehshows
- Gesangsdarbietungen selbstkomponierter oder umgedichteter Lieder

- Bandauftritt
- Tänze
- artistische Turnübungen, z.B. Jonglieren, Clownsnummer
- Zaubertricks
- selbsterfundene Werbeclips
- Rätsel über die Freizeit
- Erzählen lustiger Begebenheiten der Freizeit
- Wahl von „Miss-" und „Mister Kinderfreizeit"
- kurze Theaterstücke, kreiert aus vorgegebenen Stichwörtern oder Personen
- Modenschau
- Ausstellung eigener Kunstwerke

Weitere mögliche Programmpunkte des bunten Abends:

Siegerehrung

Sollten auf der Freizeit eine Spaßolympiade, eine Schnitzeljagd oder andere Wettkämpfe stattgefunden haben, so bietet sich der bunte Abend auch für die Verleihung von Urkunden, Medaillen oder Preisen an.
Die Teilnehmer erfahren in diesem Rahmen eine besondere Würdigung ihrer Leistungen. Die Spannung, wer gewonnen hat, bleibt über die Tage der Freizeit hinweg bestehen.

Auszeichnungen für besondere Verdienste

Am bunten Abend können zudem Medaillen, Auszeichnungen oder Urkunden für besondere Verdienste gegenüber der Gemeinschaft vergeben werden, z.B. Fairness, Hilfsbereitschaft, Retter in der Not, Mut, Vermittlung bei Konflikten, Umweltbewusstsein, Durchhaltevermögen, besonderer Einsatz für die Gruppe …

8

Abschied und Nachbereitung

1 Abschlussreflexion

Am Ende jeder Gruppenfahrt sollte eine gemeinsame Reflexion der vergangenen Tage stehen, um den jungen Teilnehmern den passenden Rahmen zu bieten, das Erlebte noch einmal Revue passieren zu lassen. Schönes kann so verinnerlicht werden, Unschönes wird zur Sprache gebracht und dadurch für den Einzelnen besser abgeschlossen.
Das Ziel ist, alle guten Erfahrungen mitzunehmen und alle schlechten Erlebnisse zurückzulassen. Das ist insbesondere für Gruppen wichtig, bei denen die Teilnehmer auch nach der Fahrt weiterhin in engem Kontakt stehen. Sonst führt auf der Fahrt Unausgesprochenes im Nachhinein möglicherweise zu Konflikten. In der Reflexion werden die Kinder dazu eingeladen, ihre Gefühle und Gedanken mitzuteilen. Sie lernen, Kritik zu üben und anzunehmen, und dass ihre Meinungen und Sichtweisen wertgeschätzt werden. Selbstverständlich beteiligen sich auch die Betreuer am gemeinsamen Rückblick und nutzen die Gelegenheit, allen Teilnehmern ein großes Lob für die schöne gemeinsame Zeit auszusprechen.

Die gemeinsame Reflexion ist zudem ein wichtiger Teil des Abschiednehmens von den neu gewonnenen Freunden, den lieb gewonnenen Betreuern, dem vertrauten Ort, den vielen großen und kleinen gemeinsamen Erlebnissen. Sie erhalten durch das Feedback außerdem interessante Informationen darüber, was bei den Kindern gut ankam, was ihnen wichtig war und was als belastend empfunden wurde. Die Auswertung der Aussagen und Texte der Kinder wird dann sinnvollerweise in die Weiterentwicklung zukünftiger Reisen einfließen.

Achten Sie als Moderator bei der Reflexion darauf, dass Kritik nur in wertschätzender und nicht in verletzender Form geäußert wird. Bei unklaren und verallgemeinernden Äußerungen fragen Sie nach, was genau gemeint wurde, und helfen, Situationen sprachlich auszudrücken. Jedes Kind muss die Möglichkeit haben, seine Gefühle und Gedanken mitzuteilen, ohne von anderen dafür kritisiert oder abgewertet zu werden.

Gummibärchen-Feedback

Material: Gummibärchen, 3 Teller
Dauer: 15 – 30 Minuten
Teilnehmer: 4 – 30

Die Gruppe sitzt im Kreis. In der Mitte stehen 3 Teller mit Gummibärchen in den Farben Grün, Gelb und Rot. Grüne Gummibärchen stehen für „Das hat mir besonders gefallen", gelbe für „Darauf bin ich stolz" und rote für „Das fand ich nicht so gut.".
Ein Kind nimmt sich von jeder Farbe ein Gummibärchen, setzt sich wieder und äußert sich dann zu jedem der drei Punkte.
Die Gummibärchen dürfen natürlich danach verspeist werden, und der Nächste im Kreis ist an der Reihe.

Statement-Feedback

Material: Plakate, Stifte, evtl. Klebeband
Dauer: 15 – 30 Minuten
Teilnehmer: 6 – 40

Legen Sie Plakate aus, auf denen jeweils ein Statement zur Freizeit als Überschrift steht. Alle Teilnehmer beginnen gleichzeitig und dürfen kreuz und quer auf den Plakaten ihre Meinung kundtun. Dabei äußert sich jeder, wozu er möchte, und darf zwischen den Plakaten nach Belieben hin und her wechseln, um nachträglich etwas zu ergänzen oder die Meinung eines anderen Teilnehmers schriftlich zu kommentieren.

Mögliche Plakatüberschriften:

- Mein schönstes Erlebnis
- Darüber hab ich mich geärgert
- Das habe ich vorher noch nie gemacht
- Das fand ich mutig von mir
- Das werde ich nie vergessen
- Das nehme ich mit
- Das würde ich mir für die nächste Freizeit wünschen
- Wenn ich die Freizeit mit einem Wort beschreiben sollte, würde ich sagen …

- Den Betreuern möchte ich sagen
- Den anderen Kindern möchte ich sagen
- Das will ich außerdem noch loswerden

Baum-Feedback

Material: großes Plakat, Papier in Grün und Grau, Scheren, Klebstoff, Stifte
Dauer: 20 – 45 Minuten
Teilnehmer: 6 – 35

Malen Sie einen kahlen Baum auf ein großes Plakat. Aus dem grünen Papier werden Blätter für den Baum, aus dem grauen Papier Steine ausgeschnitten. Je nach vorhandener Zeit machen dies die Kinder selbst, oder sie erhalten vorgefertigte Blätter und Steine.

Die Gruppe sitzt im Kreis. Die Kinder bekommen ca. 10 Minuten Zeit, um auf die Blätter all das zu schreiben, was ihnen auf der Freizeit gefallen hat, und auf die Steine, was sie nicht gut fanden.
Die beschriebenen Blätter dürfen sie an die Äste des Baums kleben und ihn so grünen lassen, die Steine werden unten auf das Plakat geklebt. Vom fertigen Plakat in der Kreismitte dürfen nach und nach einige Kinder Texte von den Steinen oder Blättern vorlesen.

Zeugnis-Feedback

Material: Zeugnisvordrucke, Stifte
Dauer: 15 – 30 Minuten
Teilnehmer: 5 – 50

Jeder Teilnehmer erhält einen Zeugnisvordruck und benotet darin verschiedene Aspekte der Reise. Je nach Alter und Fähigkeiten der Kinder sind Begründungen der Noten freiwillig oder gewünscht. Bei geringer Teilnehmeranzahl können die Kinder ihr ausgefülltes Zeugnis anschließend in der Runde vorstellen. Bei großen Gruppen können alle Teilnehmer nacheinander die von ihnen vergebene Gesamtnote nennen und sie begründen.

Zeugnis der Fahrt nach ______________________________

vom ____________________ **bis zum** ____________________

	Note:	Begründung:
Angebote:		
Ausflüge:		
Essen:		
Dienste:		
Unterkunft:		
Ort/Stadt:		
Betreuer:		
Gruppe:		
Spaßfaktor:		
Gesamtnote:		

Unterschrift: ______________________________

2 Abschiedsritual

Das Abschiedsritual ist die letzte gemeinsame Aktion am Urlaubsort, bevor die Rückreise angetreten wird. Alles ist gepackt, aufgeräumt und erledigt, die Reflexion ist erfolgt. Bald kommen die Eltern, oder es geht zum Bus oder zur Bahn. Bevor nun endgültig die Trennung ansteht, wird noch einmal das Augenmerk auf die Gruppe gelenkt und die Gemeinschaft positiv erlebt.

Das könnten Sie abschließend noch tun:

- das Lieblingsspiel der Freizeit noch einmal spielen
- aktionsreiches Gruppenfoto machen
- das beliebteste Lied der Freizeit noch einmal singen
- kleine Erinnerungsgeschenke an die Reise verteilen
- Jeder erhält eine Ansichtskarte, auf der er die Unterschriften aller Teilnehmer sammelt.
- zum Nachtreffen einladen
- Alle halten sich im Kreis an den Händen, und es wird ein Händedruck von einem zum anderen weitergegeben.
- Alle stehen im Kreis. Ein Kind nach dem anderen tritt in die Mitte und schüttelt reihum allen zum Abschied die Hand.
- Alle stehen im Kreis. Ein Kind nach dem anderen tritt in die Mitte und wird durch einen persönlichen, namentlichen Abschiedsgruß verabschiedet. Ein Kind oder Betreuer schlägt einen Gruß vor, der dann von der gesamten Gruppe lautstark wiederholt wird (z.B. „Tschüss, Irina!", „Bis bald, Lukas!", „Schön, dass es dich gibt, Lara!").

3 Die Rückreise

Die Rückreise einer Kinderfreizeit verläuft in der Regel sehr entspannt und harmonisch, da alle Kinder und Erwachsenen sich in den letzten Tagen sehr vertraut geworden sind. Die Kinder beschäftigen sich (wenn sie nicht schlafen) selbstständig miteinander, oder sie suchen noch einmal die Nähe zu den Betreuern.

Diese friedlichen, fröhlichen und erschöpften Kindergesichter sollten Sie und Ihre Kollegen auf der Rückreise unbedingt bewusst wahrnehmen. Jetzt ist der Zeitpunkt gekommen, den Erfolg der vergangenen Tage zu genießen, sich gegenseitig zu loben und auf die Schulter zu klopfen. Denn diese

Atmosphäre ist Ihr Verdienst und der beste Beweis dafür, dass Sie einen verdammt guten Job in den letzten Tagen gemacht haben!

4 Auswertung der Fahrt

Die Nachbesprechung und Auswertung der Fahrt im Mitarbeiterteam erfolgt sinnvollerweise möglichst zeitnah nach der Reise, weil die Erinnerungen dann noch besonders deutlich sind. Doch auch, wenn ein erneutes Zusammentreffen erst nach einigen Wochen organisierbar ist, sollte es in jedem Fall stattfinden. Zum einen dienen die in der Nachbesprechung gewonnenen Erkenntnisse der Weiterentwicklung zukünftiger Reisen. Zum anderen erhalten die Betreuer durch die Kollegen ein Feedback und eine Honorierung ihrer erbrachten Leistungen. Hier ist auch die Möglichkeit gegeben, sowohl positive wie auch negative Kritik zu den verschiedenen Aspekten der Fahrt zu üben.

Das Auswertungstreffen beginnt mit einer gegenseitigen Gratulation zur erfolgreichen Bewältigung der Fahrt und einem Dank an den großen persönlichen Einsatz der Beteiligten. Es sollte nicht vergessen werden, dass die Betreuer den ihnen anvertrauten Kindern unbeschwerte und erlebnisreiche Tage ermöglicht haben. Dies ist keinesfalls selbstverständlich und war für jede einzelne Person mit großem zeitlichen Aufwand und persönlichem sozialen Engagement verbunden!

Betreuer-Reflexion

Material: Pinnwand, Moderationskarten, Stifte, Stecknadeln
Dauer: ca. 90 Minuten
Teilnehmer: 4 – 10 Mitarbeiter

Schreiben Sie die folgenden 6 Aspekte auf Karten, und hängen Sie sie an die Pinnwand, dass alle Betreuer sie gut im Blick haben. Alle, die an der Fahrt beteiligt waren, haben nun ca. 20 Minuten Zeit, sich gedanklich mit diesen Aspekten auseinanderzusetzen und ihre Ergebnisse auf Moderationskarten zu notieren.

Persönliche Einschätzung der Aspekte:

- Zielerreichung
- Organisation und Vorbereitung
- Durchführung und Verlauf
- Kosten und Nutzen
- Zufriedenheit der Betreuer
- Zufriedenheit der Kinder

Mögliche zusätzliche Denkanstöße:

- Welche Ziele wurden erreicht? Welche nicht und warum?
- Was wurde positiv, was negativ erlebt?
- Was hat gut geklappt, wo entstanden Schwierigkeiten?
- Wie wurden die Angebote der Betreuer erlebt?
- In welcher Relation standen die finanziellen Aufwendungen zum tatsächlichen Ergebnis?
- Bestand Zufriedenheit mit dem eigenen Zuständigkeitsbereich und der persönlichen Verantwortung?
- Inwieweit wurden die persönlichen Erwartungen erfüllt?
- Inwieweit hat die gegenseitige Unterstützung funktioniert?
- Wie haben sich die Kinder während und nach der Fahrt geäußert?

Nach Beendigung der Einzelarbeit ordnen die Betreuer ihre beschrifteten Karten nacheinander den entsprechenden Aspekten an der Pinnwand zu, stellen sie den Kollegen vor und beantworten Nachfragen. Beim Punkt „Zufriedenheit der Kinder" wird, soweit vorhanden, zusätzlich das schriftliche Feedback der Kinder vorgestellt. An die strukturierte Aufarbeitung kann sich eine offene Diskussion der Ergebnisse anschließen.

Nach dem „offiziellen" Teil des Auswertungstreffens sollten Sie beim Erzählen der Reiseanekdoten, dem Anschauen von Fotos und einem guten Essen gemeinsam den Erfolg der Fahrt ausgiebig feiern.

5 Reise-Nachtreffen

Material: Fotos, Computer, evtl. Beamer, evtl. Leinwand, Spielmaterial, evtl. fertig gestellte Ausgaben der selbstgemachten Zeitung, Gruppenfotos, Verpflegung
Dauer: 120 – 240 Minuten
Teilnehmer: alle Kinder und Beteiligten der Fahrt

Ein organisiertes Reise-Nachtreffen ist insbesondere nach solchen Kinderfreizeiten sinnvoll, an denen Kinder teilgenommen haben, die sich ansonsten selten oder gar nicht begegnen. Vielleicht war es eine offen ausgeschriebene Fahrt oder eine solche, bei der neben einer festen Gruppe viele neue Kinder teilgenommen haben. Vielleicht war die Freizeit auch eine Begegnung von Gruppen verschiedener Orte oder Stadtteile, um den Kontakt zu fördern.
In jedem Fall haben sich Kinder kennen- und schätzen gelernt, die vorher keinen Zugang zueinander hatten und die sich freuen, wenn sie die erlebte Gemeinschaft auch nach der Freizeit noch einmal erfahren dürfen. Freundschaften, die auf der Reise entstanden sind, können aufgefrischt und gefestigt werden, und der Abschied von den vertrauten Gesichtern fällt am Ende der Fahrt – mit der Aussicht auf ein baldiges Wiedersehen – nicht ganz so schwer.

Ideen für ein Reise-Nachtreffen:

- Präsentation einer Foto-Show (falls möglich mit Beamer) aus den von den Betreuern gemachten Bildern
- Präsentation eines auf der Fahrt entstandenen Films
- gemeinsames Essen
- Erzählen von lustigen Anekdoten der Fahrt
- Anschauen der von den Kindern mitgebrachten Reisefotos
- Lieblingsspiele der Fahrt noch einmal spielen
- Lieblingslieder der Fahrt noch einmal singen
- Jeder Teilnehmer erhält ein Exemplar der auf der Fahrt entstandenen Zeitung.
- Jeder Teilnehmer erhält ein (vergrößertes) Gruppenfoto als Erinnerung an die Fahrt.

Zur Autorin

Die Diplom-Sozialpädagogin, Gestalt-Beraterin und Autorin Regina Hillebrecht ist in der Sozialpädagogischen Familienhilfe in Augsburg tätig. Ihre Arbeitsgebiete waren 10 Jahre lang die offene Kinder- und Jugendarbeit sowie die heilpädagogische Heimerziehung in München und Augsburg. Bevor sie die Arbeit mit Kindern und Jugendlichen zu ihrem Beruf machte, war sie viele Jahre ehrenamtliche Gruppenleiterin im Mädchenverband „Pfadfinderinnenschaft St. Georg" und Mitarbeiterin in der kirchlichen Jugendarbeit in Bamberg.

Über zwei Jahrzehnte hinweg hat Regina Hillebrecht regelmäßig beruflich und ehrenamtlich Kinderfreizeiten und Zeltlager organisiert und durchgeführt.

Angebots-Index

Aufgrund des verkürzten Inhaltsverzeichnisses hier noch einmal alle Spiele, Methoden und Angebote für die Kinder in der Gliederungs-Übersicht:

Almuth Bartl, Dorothee Wolters:
Fun-Olympics. Sport- und Spaßspiele für alle.
6–99 Jahre, Verlag an der Ruhr, 2008.
ISBN 978-3-8346-0411-8

Bernie DeKoven:
Löffelfußball und Poolnudelhockey.
65 neue Spielideen für bekannte Sportarten.
Alle Altersstufen, Verlag an der Ruhr, 2009.
ISBN 978-3-8346-0514-6

Björn Geitmann:
Feste feiern in der Schule. 8 Mottos – 80 Spiele.
5–10 Jahre, Verlag an der Ruhr, 2009.
ISBN 978-3-8346-0540-9

Björn Geitmann:
Waldwerkeln und Waldgeschichten.
Basteleien, Texte, Lieder und Spiele.
Verlag an der Ruhr, 2007.
ISBN 978-3-8346-0320-3

Rüdiger Gilsdorf, Günter Kistner:
Kooperative Abenteuerspiele, Bd. 1.
Kallmeyer, 1995.
ISBN 978-3-7800-5801-0

Luisa Hartmann:
30 Geschichten vom Verliebtsein.
5–10 Jahre, Verlag an der Ruhr, 2009.
ISBN 978-3-8346-0548-1

Luisa Hartmann:
30 Mutmach-Geschichten.
5–10 Jahre, Verlag an der Ruhr, 2009.
ISBN 978-3-8346-0485-9

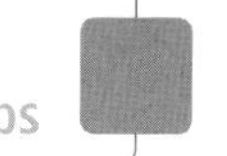

Luisa Hartmann:
30 Streitgeschichten.
5–10 Jahre, Verlag an der Ruhr, 2008.
ISBN 978-3-8346-0421-7

Bernd Heckmair:
Erleben und Lernen.
Reinhard Verlag, 2008.
ISBN 978-3-49701-963-2

J.D. Hughes:
Gruppenspiele für viele. Teamgeist, Kooperation und Wettkampf mit großen Gruppen.
8–14 Jahre, Verlag an der Ruhr, 2008.
ISBN 978-3-8346-0438-5

Werner Michl:
Elebnispädagogik.
UTB, 2009.
ISBN 978-3-8252-3049-4

Annette Reiners:
Praktische Erlebnispädagogik, Bd. 1.
Ziel Verlag, 1997.
ISBN 978-3-93721-093-3

Pete Sanders, Liz Swinden:
Lieben, Lernen, Lachen. Sozial- und Sexualerziehung für 6- bis 12-Jährige.
6–12 Jahre, Verlag an der Ruhr, 2006.
ISBN 978-3-8346-0075-2

Christoph Sonntag:
Abenteuer Spiel: Handbuch zur Anleitung kooperativer Abenteuerspiele.
Ziel Verlag, 2005.
ISBN 978-3-93721-040-7

Internetseiten für Jugendunterkünfte:
www.schullandheim.de
www.jugendherberge.de
www.jugend-gaestehaus.de
www.gruppenfahrten.com
www.gruppenfreizeiten.de
www.scoutnet.de/technik/plaetze
www.naturfreundehaus.net
www.naturfreunde-haeuser.net
www.gruppenhaus.de
www.zeltlagerplatz.info
www.jugendzeltplaetze.de
www.evangelische-freizeithaeuser.de

Versicherungspakete für Gruppenreisen:
www.jugendhaus-duesseldorf.de
www.bernhard-assekuranz.com
www.deutscherring.de
www.ecclesia.de

Klassenfahrt-Links:
www.jugendherberge.de/lvb/rheinland/gruppen/Countdown/countdown.htm
Broschüre mit Tipps zur Klassenfahrt-Organisation der DJH Rheinland als PDF-Download
www.bildungsserver.de/zeigen.html?seite=465
Umfangreiche Linksammlung vom deutschen Bildungsserver mit Tipps zur Vorbereitung von Klassenfahrten und Exkursionen
http://links.grundschulmaterial.de/Klassenfahrten-57.htm
Umfangreiche Linksammlung zu weiteren Anbietern von pädagogischen Fahrten, Ausflügen und Unterkünften

Die in diesem Werk angegebenen Internetadressen haben wir geprüft (Januar 2010). Da sich Internetadressen und deren Inhalte schnell verändern können, ist nicht auszuschließen, dass unter einer Adresse inzwischen ein ganz anderer Inhalt angeboten wird. Wir können daher für die angegebenen Internetseiten keine Verantwortung übernehmen.

Alexanderstraße 54
45472 Mülheim an der Ruhr

Telefon 05 21 / 97 19 330
Fax 05 21 / 97 19 137

bestellung@cvk.de
www.verlagruhr.de

Es gelten die Preise auf unserer Internetseite.

Geld für Ihre Schule

durch PR, Fundraising und Sponsoring
Martina Peters
Für alle Schulstufen, 178 S., 16 x 23 cm, Paperback
ISBN 978-3-8346-0383-8
Best.-Nr. 60383
17,80 € (D)/18,30 € (A)/31,20 CHF

Individuelle Entwicklungspläne

Schüler optimal begleiten und fördern – das schwedische Modell
Agneta Zetterström
Kl. 1–10, 199 S., A4, Paperback, z.T. 2-farbig
ISBN 978-3-8346-0261-9
Best.-Nr. 60261
24,50 € (D)/25,20 € (A)/42,90 CHF

„Die hat aber angefangen!"

Konflikte im Grundschulalltag fair und nachhaltig lösen
P. Gilbert-Scherer, B. Grix, R. Lixfeld, R. Scheffler-Konrat
Kl. 1–4, 238 S., 16 x 23 cm, Paperback
ISBN 978-3-8346-0307-4
Best.-Nr. 60307
19,– € (D)/19,50 € (A)/33,30 CHF

Der Klassenrat

Ziele, Vorteile, Organisation
Eva Blum, Hans-Joachim Blum
Für alle Schulstufen, 165 S., A4, Paperback
ISBN 978-3-8346-0060-8
Best.-Nr. 60060
21,80 € (D)/22,40 € (A)/38,20 CHF

Strategien • Tipps • Praxishilfen